Duden Schülerhilfen

Grammatik 7. und 8. Klasse

Übungen zu Wort- und Satzlehre

Duden Schülerhilfen

Deutsch

Rechtschreibung 1
2. und 3. Schuljahr

Rechtschreibung 2
3. und 4. Schuljahr

Rechtschreibung 3
4. und 5. Schuljahr

Rechtschreibung 4
5. und 6. Schuljahr

Rechtschreibung 5
7. und 8. Schuljahr

Grundwortschatz
3. und 4. Schuljahr

Schreibspiele
ab 3. Schuljahr

Lesespiele
ab 3. Schuljahr

Schön schreiben und gestalten
2. bis 4. Schuljahr

Grammatik
4. und 5. Schuljahr

Grammatik 5. und 6. Klasse

Grammatik 7. und 8. Klasse

Aufsatz 1
2. und 3. Schuljahr

Aufsatz 2
3. und 4. Schuljahr

Aufsatz/Erzählen
5. bis 7. Schuljahr

Aufsatz/Beschreibung
7. bis 10. Schuljahr

Aufsatz/Inhaltsangabe
7. bis 9. Schuljahr

Aufsatz/Bericht
8. bis 10. Schuljahr

Aufsatz/Erörterung
8. bis 10. Schuljahr

Diktattrainer 5. Klasse
mit Übungs-CD

Diktattrainer 6. Klasse
mit Übungs-CD

Diktattrainer 7. Klasse
mit Übungs-CD

Diktattrainer 8. Klasse
mit Übungs-CD

Englisch

Englisch 5. Klasse

Englisch 6. Klasse

Englisch 7. Klasse

Englisch 8. Klasse

Englisch 9. Klasse

Englisch 10. Klasse

Mathematik

Grundrechenarten 1
ab 2. Schuljahr

Grundrechenarten 2
ab 3. Schuljahr

Rechenspiele
ab 4. Schuljahr

Gleichungen und Ungleichungen 1
5. und 6. Schuljahr

Lösen von Sachaufgaben
5. und 6. Schuljahr

Flächen und ihre Berechnung 1
5. bis 8. Schuljahr

Dezimalbrüche
6. Schuljahr

Brüche
6. und 7. Schuljahr

Dreisatz und Prozente
6. bis 8. Schuljahr

Gleichungen und Ungleichungen 2
7. und 8. Schuljahr

Dreieckskonstruktionen
7. und 8. Schuljahr

Viereckskonstruktionen
7. und 8. Schuljahr

Bruchgleichungen und Bruchungleichungen
8. Schuljahr

Textgleichungen 1
8. Schuljahr

Textgleichungen 2
7. bis 9. Schuljahr

Quadratische Gleichungen und Ungleichungen
9. Schuljahr

Wurzeln und Potenzen
9. und 10. Schuljahr

Flächen und ihre Berechnung 2
9. und 10. Schuljahr

Trigonometrie
10. Schuljahr

Logarithmen und Exponentialgleichungen
10. Schuljahr

Chemie

Grundlagen der Chemie
8. bis 10. Schuljahr

Weitere Bände sind in Vorbereitung

Duden Schülerhilfen

Grammatik 7. und 8. Klasse
Übungen zu Wort- und Satzlehre

von Monika und Michael Bornemann, Annegret Ising,
Hans-Jörg Richter und Wencke Schulenberg

mit Illustrationen von Detlef Surrey

Dudenverlag
Mannheim · Leipzig · Wien · Zürich

Die Deutsche Bibliothek – CIP-Einheitsaufnahme
Ein Titeldatensatz für diese Publikation
ist bei der Deutschen Bibliothek erhältlich.

Das Werk wurde in neuer Rechtschreibung verfasst.
1. Auflage

Redaktion: Heike Krüger, Ellen Astor, Christine Schlitt
Herstellung: Petra Schäffner
Satz: doppelpack, Mannheim
Umschlaggestaltung: Bender & Büwendt, Berlin
Druck: Druckhaus Langenscheidt KG, Berlin
Gedruckt auf Eural Super Recyclingpapier mattgestrichen
Bindearbeit: Schöneberger Buchbinderei
Printed in Germany
ISBN 3-411-71381-X

Liebe Schülerin, lieber Schüler!

Du hältst die Duden-Schülerhilfe „Grammatik 7./8. Klasse" in deinen Händen, hast das Buch aufgeschlagen und damit bereits den ersten Schritt getan, deine Kenntnisse in Grammatik zu verbessern. Vielleicht haben dich deine Deutschlehrer oder deine Eltern auf die Notwendigkeit hingewiesen, Grammatik zu lernen, vielleicht ist dir aber auch ganz allein die Idee gekommen, dein Wissen selbstständig aufzuarbeiten. Wie dem auch sei, jetzt bist DU mit deinem ganzen Ehrgeiz gefordert, damit die Arbeit mit diesem Buch erfolgreich ist.
Um dir deine selbstständige Arbeit zu erleichtern, sind die jeweiligen Kapitel immer ähnlich aufgebaut: Zunächst wirst du anhand einer einfacheren Übung in das grammatische Problem eingeführt. Danach wird im Merkkasten – zum Teil mit deiner Hilfe – die dahinter stehende Regel formuliert. Und zum Schluss soll das Erlernte in weiteren Übungen angewendet und vertieft werden.
Damit du dich auf Anhieb zurechtfindest, gibt es im Heft folgende Zeichen:

Bei dem Ausrufezeichen findest du Regeln oder Merksätze.

Das Tipp-Symbol kennzeichnet weitere wichtige Informationen und Hilfen.

Die Beispiele helfen dir dabei, dir Regeln und Tipps gut einzuprägen.

Bei den Aufgaben kannst du zeigen, ob du den Grammatikstoff wirklich verstanden hast.

Bei manchen Aufgaben sollst du die Lösung in ein besonderes Schreibheft eintragen. Die übrigen Übungen werden im Buch bearbeitet.

Die Bombe bedeutet, dass du hier nach Fehlern suchen musst.

Da die einzelnen Kapitel in sich abgeschlossen sind, kannst du ein bestimmtes Thema einzeln bearbeiten. Dazu musst du im Inhaltsverzeichnis das entsprechende Thema heraussuchen. Oder aber du schlägst im Stichwortverzeichnis im Anhang nach. Dort ist der von dir gesuchte Begriff kurz erklärt, und du findest Seitenangaben, wo das betreffende grammatische Problem behandelt wird.

Wenn du aber festgestellt hast, dass für dich die gesamte Grammatik „ein Buch mit sieben Siegeln“ ist, empfehlen wir dir, das Buch von Anfang bis Ende durchzuarbeiten. Dafür solltest du dir ein paar Wochen Zeit nehmen. Jeden Tag ein Kapitel durchzuarbeiten bringt mehr, als einen Tag vor der Klassenarbeit das gesamte Buch schaffen zu wollen!
Im Anhang befindet sich ein Lösungsteil, der dir darüber Aufschluss gibt, ob du das Gelernte auch wirklich verstanden und richtig angewendet hast. Du wirst sicher manchmal versucht sein, bei ersten Schwierigkeiten in den Lösungen nachzuschauen. Aber: Nur wer sich wirklich anstrengt und selbstständig zu einer Lösung der Aufgaben kommt, kann etwas lernen.

Viel Erfolg und vielleicht doch ein bisschen Spaß mit der Grammatik wünscht dir das Team dieser Duden-Schülerhilfe.

Mannheim, im Januar 2001

1. Wort- und Formenlehre

1.1 Wortarten – Wortbildung

1.2 Konjugation

2. Satzlehre

1. Wort- und Formenlehre

1.1 Wortarten – Wortbildung ▸ Wortarten (Wdh.)

A 1 In den Duden-Schülerhilfen Grammatik für die Klassen 5 und 6 hast du schon neun verschiedene Wortarten kennen gelernt. Sortiere die Wörter aus der Mitte in die richtigen Kästchen, ergänze bei den Nomen den richtigen bestimmten Artikel!

Nomen	Verben	Adjektive
der Bierdeckel		
Zahlwörter	*Reigen – unsere – genug – feiern – hundert – sie – Jacke – von – gleichgültig – träumen – unter – grün – einzelne – Kind – wenn – ~~Bierdeckel~~ – euch – Fliese – neunfach – heute – und – morgen – laufen – nie – ungern – warm – denn – spät – blöd – dreifach – ihr – viele – wir – auf – nach – gegen – arbeiten – rudern – damit – weil*	**Pronomen**
Adverbien	**Konjunktionen**	**Präpositionen**

A 2 Bestimme im folgenden Satz die Wortarten!

Das war ein leichtes Aufwärmtraining, jetzt kann ich mich mit schwierigeren Aufgaben befassen!

A 3 Setze mithilfe der folgenden Wortbausteine die Adjektive und Nomen wieder richtig zusammen, natürlich darfst du auch Fugenelemente einsetzen. Denke daran: Nomen werden großgeschrieben!

deutsch – dunkel – Finger – geheim – gelb – Gras – Himmel – Hund – jung – rot – Sattel – Sauerstoff – schwer – Sommer – Vogel – weich

Adjektiv	Nomen
..............................*fest*	..............................*buche*
..............................*blau*	..............................*käse*
..............................*frisch*	..............................*kraft*
..............................*grün*	..............................*stunde*
..............................*frei*	..............................*schrift*
..............................*müde*	..............................*brunnen*
..............................*arm*	..............................*kammer*
..............................*breit*	..............................*sucht*

A 4 Auch die wichtigsten Suffixe (Nachsilben) zur Wortbildung sind dir noch bekannt? Dann kannst du ja die folgenden Fantasiewörter der richtigen Wortart zuordnen!

Huppelschaft - Glumpschheit - Rapolterlich - Blambar - Polgadirsamkeit - Lofthähnig - Blamung - Polgadirsam - Labbelhaft - Hufernis

Nomen	Adjektive
....	....
....	....
....	....
....	....
....	....

Wortarten – Wortbildung ▶ Pronomen

Personal- und Possessivpronomen (Wdh.)

A 1 Die Personal- und Possessivpronomen hast du schon im ersten Band kennen gelernt. Daher ist es sicher ein Leichtes für dich die Tabelle zu ergänzen. Setze zu jedem Possessivpronomen ein geeignetes Nomen!

	Personal-pronomen	Possessivpronomen			
		Mask.	Fem.	Neutr.	Plural
1. Pers. Singular		mein Schuh			
2. Pers. Singular					deine Bücher
3. Pers. Singular	er sie es		seine Jacke		
1. Pers. Plural				unser Haus	
2. Pers. Plural					
3. Pers. Plural					

Reflexivpronomen

Nun lernst du noch ein weiteres Pronomen kennen, das eng zum Subjekt eines Satzes gehört, das **Reflexivpronomen** (rückbeziehendes Fürwort).
Hier einige Beispiele:

- → *Ich hole **mir** noch einen Apfel aus dem Keller.*
- → *Du kaufst **dir** einen CD-Player.*
- → *Mirjam wünscht **sich** zum Geburtstag einen Alu-Scooter.*
- → *Alexander dreht **sich** noch einmal im Bett um, weil er noch nicht aufstehen möchte.*
- → *Petra aber gibt **sich** einen Ruck und steht auf.*

Das Reflexivpronomen kann das Dativ- oder Akkusativobjekt in einem Satz ersetzen, deshalb ist seine Form mit der Dativ- oder Akkusativform des Personalpronomens identisch!

Tipp!

Bei manchen Verben kann das Reflexivpronomen nicht durch ein Nomen ersetzt oder weggelassen werden, ohne dass das Verb eine andere Bedeutung bekommt oder der Satz sinnlos oder falsch wird.
Man spricht dann vom echt reflexiven Gebrauch eines Verbs

Echt reflexiv: *Die Schüler beeilten* ***sich.***
Unmöglich: ~~Die Schüler beeilten ihre **Klassenkameraden.**~~
Unmöglich: ~~Die Schüler beeilten.~~

Echt reflexiv: *Walter entfernte sich.*
Anderer Sinn: *Walter entfernte den Deckel.*

Demgegenüber spricht man von unecht reflexivem Gebrauch, wo das Reflexivpronomen durch ein Nomen ersetzt werden kann.

Unecht reflexiv: *Ich wasche* ***mich.***
Ich wasche ***das Auto.***

A 2 Setze die passenden Reflexivpronomen ein und entscheide, ob es sich um einen echt oder unecht reflexiven Gebrauch handelt!

1. Moritz kauft .... eine CD der Band PLOFF. (....................)
2. Er sehnt .... danach, endlich einmal ein Konzert dieser Band besuchen zu können. (....................)
3. Saskia sagt: „Seit ich jeden Tag 1,5 km laufe, kann ich .... in der Schule viel besser konzentrieren.“ (....................)
4. Ihre Freundin erklärt dazu: „Mir ist auch aufgefallen, dass du .... jetzt viel ruhiger verhältst.“ (....................)

3 Hier noch eine Besonderheit: Bei einer wechselseitigen Beziehung wählt man oft statt des Reflexivpronomens das Pronomen *einander.* Dieses Pronomen taucht sehr häufig in Verbindung mit Präpositionen auf, diese Verbindungen werden immer zusammengeschrieben: *voneinander, miteinander, auseinander ...*

Setze die entsprechenden Formen ein:

→ André und Lukas schreiben .... die noch fehlenden Hausaufgaben ab.

→ Dann gehen sie .... ins Schulgebäude.

→ Im Sportunterricht treten sie in zwei unterschiedlichen Mannschaften

.... an.

→ In der Pause diskutieren sie .... über den besten Rennfahrer der Saison.

→ Nach der Schule gehen sie erst ...., nachdem sie sich für den Nachmittag verabredet haben.

Demonstrativpronomen

Die Wortart und **diese** Übungen haben dir noch gefehlt, nachdem du **jene** anderen Wortarten schon kennen gelernt und **diejenigen** Aufgaben dazu schon gelöst hast. Deswegen sollten dir auch **solche** Übungen wie die folgenden nicht schwer fallen!

→ *Pronomen, die auf etwas oder jemanden hinweisen oder zeigen, heißen hinweisende Fürwörter oder Demonstrativpronomen.*

→ *Diese Pronomen können als Begleiter oder als Stellvertreter des Nomens gebraucht werden.*

Die Verwendung von dieser, diese, dieses und jener, jene, jenes ist unterschiedlich und inhaltlich festgelegt. Mit dem Demonstrativpronomen „dieser" weist man auf eine Person oder Sache hin, die räumlich oder zeitlich nahe ist; mit „jener" verweist man auf Entfernteres.

A 4 Setze nun die passenden Demonstrativpronomen in den Text ein

denselben - der - derjenige - derselbe - diesem - jenem - solche

Lea zeigt ihrer Freundin Antonia ihre Urlaubsfotos. Sie erklärt ihr, was auf den Bildern zu sehen ist.

„In .... Haus haben wir gewohnt. In .... haben unsere Freunde für eine Woche gewohnt. Sie haben .... Garten genutzt. Morgens hat immer einer für beide Familien die Brötchen geholt. ...., der morgens als Erster wach war, hat sich auf das Fahrrad geschwungen und ist ins Dorf zum Bäcker gefahren. .... war für diesen Tag dann von allen Besorgungsgängen befreit. Ich bin immer gerne früh aufgestanden und geradelt, weil es schön war, bei Sonnenschein durch den aufsteigenden Nebel in den Dünen zu fahren und die unterschiedlichen Vogelstimmen zu hören. .... Naturschauspiele haben die Langschläfer natürlich verpasst. Siehst du den Hund dort hinter dem Zaun? .... hat ständig gekläfft, wenn wir uns im Garten aufhielten.

Indefinitpronomen

A 5 Irgendwer hat irgendwem, irgendwann und irgendwo einige, vielleicht sogar mehrere oder etliche, ganz bestimmt aber nicht sämtliche Münzen gestohlen!

Hast du verstanden, worum es in diesem kleinen Satz geht?

Na klar, es geht um ...., die .... wurden!

Aber wie viele Münzen waren es? Seit wann sind sie verschwunden? Wer wurde bestohlen? Wo hat das Verbrechen stattgefunden?
Auf alle diese Fragen gibt der Text eine ziemlich ungenaue und unbestimmte Antwort.

Wenn wir Angaben über Personen oder Sachverhalte machen, deren Menge, Umfang, Bedeutung, Größe usw. wir nicht genau bestimmen wollen oder können, benutzen wir unbestimmte Fürwörter, Indefinitpronomen.

1.2 Konjugation

Konjugation ▶ Person – Numerus – Tempus (Wdh.)

Fünf verschiedene Tempora hast du bereits im ersten Band unseres Grammatiktrainers kennen gelernt. Nun kannst du, bevor das letzte Tempus eingeführt wird, deine Kenntnisse noch einmal überprüfen. Solltest du bei der Lösung der folgenden Aufgaben Schwierigkeiten haben, empfiehlt es sich, die Kapitel über die Tempora im ersten Band noch einmal durchzuarbeiten.

A 1 Im Bereich der Konjugation gibt es eine ganze Menge Fachbegriffe. Kennst du sie noch? Hier im Buchstabensalat sind 13 Fachbegriffe versteckt. Findest du sie?

T	E	B	C	D	Ä	E	T	V	X	A	A	V	E	S	P
E	K	O	N	J	U	G	I	E	R	E	N	N	E	S	A
M	S	E	I	N	F	I	N	I	T	I	V	U	S	U	Y
P	Ö	L	F	U	T	U	R	I	E	S	S	T	R	R	A
U	X	P	A	R	T	I	Z	I	P	H	D	B	C	E	E
S	B	X	S	P	E	R	F	E	K	T	L	E	R	M	Q
F	L	Ü	D	V	D	P	R	Ä	T	E	R	I	T	U	M
I	U	V	F	N	L	S	M	B	M	X	A	P	Q	N	L
C	V	B	E	U	Ä	R	T	A	V	X	E	E	P	A	O
L	Ö	T	R	T	O	P	O	P	U	O	A	A	F	R	T
O	H	A	R	I	N	E	N	S	A	Q	U	A	A	R	F
F	L	G	H	I	P	R	Ä	S	E	N	S	Ö	B	N	M
M	P	R	J	G	E	S	E	S	I	N	G	U	L	A	R
A	B	C	Y	Ö	Ä	O	C	E	R	T	Z	Ö	L	D	E
D	S	A	F	H	M	N	C	G	L	P	Ü	M	C	P	Ä

Tipp: Du musst waagerecht, senkrecht, diagonal und rückwärts lesen.

A 2 **a)** Ordne den einzelnen Tempora die entsprechende Verbform zu. Benutze dazu dein Heft.
b) Schreibe in Klammern dahinter, ob es sich um eine einfache (e) oder eine zusammengesetzte (z) Form handelt.

Ich esse ◆ ich werde essen ◆ *Präteritum* ◆ ich aß ◆ *Plusquamperfekt* ◆ wir lasen ◆ *Präsens* ◆ *Perfekt* ◆ ich habe gegessen ◆ ich hatte gegessen ◆ sie ist geritten ◆ er wird lachen ◆ ihr seid geschwommen ◆ wir rannten ◆ *Futur I*

Präsens ich schreibe (e)

A 3 Bestimme die folgenden Verbformen. Erinnere dich dabei bitte an die drei Bestimmungskriterien, die du bisher kennst:

a) **1.** P.......................... **2.** N.......................... **3.** T..........................

b) *wir werden fliegen* ....

ich hatte geschlafen ....

sie lernte ....

ihr seid gelaufen ....

du denkst ....

sie werden verreisen ....

du hast gelernt ....

er war geschwommen ....

A 4 Unterstreiche im folgenden Text die Prädikate in den unterschiedlichen Tempora mit ihren Subjekten. Schreibe sie dann heraus und bestimme die Verbformen im Heft.

Sicherlich kennst du die Geschichte von Robinson Crusoe. Nachdem sein Schiff untergegangen war, schwamm er an einer einsamen und unbewohnten Insel vor der Küste Amerikas an Land. Dort lebte er 28 Jahre lang. Schließlich retteten ihn Piraten. Diese Geschichte hat der Schriftsteller Daniel Defoe aufgeschrieben und wir können sie heute noch in seinem Buch nachlesen. Nicht aufgeschrieben hat er, worüber Robinson an den langen Inselabenden so nachgedacht hat. Man kann sich aber gut vorstellen, wie Robinson eines Abends von den Dingen träumt, die er tun wird, wenn er erst einmal von der einsamen Insel heruntergekommen ist.

Wenn du willst, schreibe Robinsons Träume auf.
Welches Tempus musst du dabei benutzen?

Na also, wenn du gerade alles richtig gelöst hast, kannst du jetzt das noch fehlende Tempus kennen lernen.

Konjugation ▶ Futur II

Mittags ist Britta auf dem Weg von der Schule nach Hause und denkt dabei bereits an den morgigen Schultag und die bevorstehende Mathematikarbeit. Und da sie sich vor Mathearbeiten immer ein wenig fürchtet, murmelt sie vor sich hin: *„Ich* ***werde*** *morgen sicherlich nicht* ***verschlafen*** *und sehr nervös* ***sein****. Aber morgen um diese Zeit* ***werde*** *ich die Arbeit bereits* ***geschrieben haben****. Gott sei Dank."*

A 1

a) Auf welche Zeitstufe sind Brittas Aussagen gerichtet? Antworte in einem vollständigen Satz:

b) Im Folgenden sind die Verbformen noch einmal aufgeführt:

ich werde verschlafen	*ich werde geschrieben haben*
ich werde nervös sein	

Beide Tempora sind auf die Zeitstufe der Zukunft gerichtet. Das Tempus der Verbformen der ersten Spalte ist dir bereits bekannt. Notiere es in die erste Zeile. Durch welche der beiden Verbformen wird ein bereits abgeschlossenes Geschehen bezeichnet? Trage das Stichwort „abgeschlossenes Geschehen" in die zweite Zeile unter die entsprechende Verbform ein. Es handelt sich bei dieser Verbform um das Futur II. Zur Wiederholung: Was wird durch das Futur I ausgedrückt? Trage das entsprechende Stichwort ein.

Das Futur II bezeichnet ein Geschehen, das in der Zukunft als bereits abgeschlossen angesehen wird.
Im Deutschen wird das Futur II allerdings nur selten verwendet und meistens durch das Ergebnisperfekt ersetzt:

Futur II:	*Morgen um diese Zeit werde ich die Arbeit bereits geschrieben haben.*
Ergebnisperfekt:	*Morgen um diese Zeit habe ich die Arbeit bereits geschrieben.*

A 2 Vergleiche die folgenden Verbformen des Futurs II. Welche beiden Hilfsverben werden zur Bildung verwendet?

Ich werde geschrieben haben.

Sie werden gelaufen sein.

Er wird gelobt haben.

Wir werden gekommen sein.

1. ....

2. ....

Das Futur II wird durch die Futurform der Hilfsverben sein oder haben und das Partizip Perfekt gebildet. Es handelt sich also um eine zusammengesetzte Verbform.

A 3 In dem folgenden Dialog sind einige Formen des Futurs II enthalten.

a) Unterstreiche die Formen des Futurs II.

b) Ersetze diese Formen durch das Ergebnisperfekt und schreibe die Sätze in dein Heft.

Auf dem Schulhof unterhalten sich die Schüler der Klasse 8 a in der Pause darüber, was sie mit ihrem Leben anfangen wollen.

Lea: *Wenn ich Abitur gemacht haben werde, werde ich auf jeden Fall etwas Sinnvolles studieren, vielleicht Sozialpädagogik.*

Tom: *Ich habe mir fest vorgenommen, dass ich eine Weltreise gemacht haben werde, bis ich dreißig Jahre alt sein werde.*

Lea: *Du denkst ja nur an dein Vergnügen!*

Tom: *Nein, ich werde dann vielmehr viele Erfahrungen gemacht haben. Wenn ich zurückkomme, werde ich Leute kennen gelernt haben und werde viele Sitten und Gebräuche fremder Länder erlebt haben. Auch Reisen bildet!*

Konjugation ▶ Genus Verbi: Aktiv – Passiv

A 1 Was siehst du? Auf die Perspektive kommt es an!

a) Formuliere zwei Sätze, die das Bild beschreiben, und zwar einmal ausgehend vom Bauern und einmal ausgehend vom Esel. Verwende in beiden Fällen das Verb ziehen.

Ausgehend vom Bauern:

.

Ausgehend vom Esel:

.

Du hast den gleichen Vorgang auf zwei unterschiedliche Arten beschrieben. Im ersten Satz steht der Bauer als „Täter" im Vordergrund, im zweiten Satz wird das „Ziehen" viel stärker betont, also der Vorgang. Diese unterschiedlichen Sichtweisen werden durch die unterschiedlichen Verbformen ausgedrückt.

b) Schreibe die Verbformen heraus:

„Täter" steht im Vordergrund: ....

„Vorgang" wird betont: ....

Die Verbform, durch die der „Täter" betont wird, steht im Aktiv. Die zweite Form, durch die der Vorgang betont wird, heißt Passiv. Aktiv und Passiv bezeichnet man als Genus Verbi. Die Angabe des Genus Verbi gehört zu einer vollständigen Bestimmung einer Verbform neben den anderen Bestimmungskriterien Person, Numerus, Tempus und Modus dazu.

A 2 Notiere hinter den folgenden Sätzen, ob sie im Aktiv oder im Passiv stehen.

- *Die Oma gibt ihrem Enkel einen Kuss auf die Wange.* ....
- *Die Arbeitsblätter werden vom Lehrer eingesammelt.* ....
- *Dennis schaltet endlich das Licht aus.* ....
- *Der Lehrer sammelt die Arbeitsblätter ein.* ....
- *Das Feuer wird vom Wind angefacht.* ....
- *Der Enkel wird von seiner Oma geküsst.* ....
- *Der Wind facht das Feuer an.* ....
- *Das Licht wird endlich von Dennis ausgeschaltet.* ....

A 3 Unterstreiche bei den folgenden Passivformen die drei verschiedenen Bestandteile mit drei unterschiedlichen Farben.

du wirst gefahren – es wird entfacht – ich werde geküsst – wir werden gefesselt – er wird gesehen

A 4 Nun kannst du sicher selbst formulieren, wie die Passivformen des Verbs gebildet werden. Die Regelbausteine helfen dir dabei.

und dem Partizip Perfekt (Partizip II). | *wird gebildet* | *von werden* | *mit der konjugierten Form* | *Die Form des Passivs*

Im Folgenden findest du eine Übersicht über die verschiedenen Tempora des Passivs:

Präsens:	*Ich werde gelobt.*
Präteritum:	*Ich wurde gelobt.*
Perfekt:	*Ich bin gelobt worden.*
Plusquamperfekt:	*Ich war gelobt worden.*
Futur I:	*Ich werde gelobt werden.*
Futur II:	*Ich werde gelobt worden sein.*

Die Form des Futurs II kommt so selten vor, dass sie zwar angegeben, aber nicht weiter geübt wird.

Tipp!

Achte darauf, dass du die Form des Präsens Passiv nicht mit der Tempusform des Futurs I Aktiv verwechselst! Du kannst das Futur I Aktiv aber sofort am Infinitiv erkennen!

Präsens Passiv:	Ich werde geküsst.
Futur I Aktiv:	Ich werde *küssen.*

Zeiten

A 5 Setze die folgenden Passivsätze in die angegebenen Zeiten.

a)	**Präsens**	Die Schokolade wird gegessen.
	Präteritum	
	Perfekt	
	Plusquamperfekt	
	Futur I	
b)	**Präsens**	
	Präteritum	
	Perfekt	Das Fahrrad ist repariert worden.
	Plusquamperfekt	
	Futur I	

A 6 Schreibe hinter die folgenden Sätze, ob es sich um Passiv oder Futur I handelt.

- *Das Bild wird gemalt.* ....
- *Wir werden von der Maskenbildnerin geschminkt.* ....
- *Wir werden ins Kino gehen.* ....
- *Ihr werdet einen Baum pflanzen.* ....
- *Du wirst beim Fotografen fotografiert.* ....
- *Das Buch wird von allen gerne gelesen.* ....
- *Die Klasse wird ein Theaterstück einstudieren.* ....

A 7 **a)** Bestimme die Satzglieder.

Der Bauer → ....
zieht → ....
den Esel. → ....

Der Esel → ....
wird / **gezogen.** → ....
vom Bauern → ....

b) Schreibe heraus, wie die Satzglieder vom Aktiv zum Passiv verändert werden.

Aktiv		**Passiv**
Subjekt	→	....
Akkusativobjekt	→	....
Aktivform des Prädikats	→	....

Die übrigen Satzglieder wie etwa Dativobjekt oder Präpositionalgruppen haben sowohl bei aktiven wie bei passiven Verbformen die gleiche Form und behalten im Aktiv wie im Passiv ihre Funktion. Das Pronomen man im Aktivsatz fehlt im Passivsatz.

Tipp!

A 8 Fasse die wichtigsten Punkte zur Bildung des Passivs in der folgenden Regel nochmals zusammen, indem du die Lücken ausfüllst.

→ *Das .... des Aktivsatzes wird zu einer .... mit der Präposition von.*

→ *Das .... wird im Passivsatz zum ....*

→ *Das Verb wird vom .... in die entsprechende Form des ....gesetzt.*

→ *Das Pronomen .... als .... im Aktiv fehlt im Passivsatz.*

A 9 Setze die folgenden Sätze ins Passiv und schreibe sie in dein Heft. Beachte das Tempus.

- *Der Reporter fotografiert den Bühnenstar.*
- *Die Möbelpacker haben ein schweres Sofa in den 4. Stock geschleppt.*
- *Die Gärtnerin goss im Sommer täglich die Blumen.*
- *Der König hatte den Knappen zum Ritter geschlagen.*
- *Man erwartete ein großes Gewitter.*
- *Der Arzt wird den Patienten heilen.*
- *Man rechnet mit Regen.*

Nicht alle Verben können in die Passivform gesetzt werden, sondern nur solche, die ein Akkusativobjekt bei sich haben. Man nennt diese Verben transitive Verben. Verben, die kein Akkusativobjekt nach sich ziehen, werden als intransitiv bezeichnet.

A 10 Entscheide, ob die folgenden Verben transitiv oder intransitiv sind!

lesen ....
entrinnen ....
schreiben ....
fragen ....
schicken ....
laufen ....
stehen ....

A 11 Bilde mit den transitiven Verben aus der vorangegangenen Übung einen Satz im Aktiv und wandle ihn dann ins Passiv um!

Aktiv:

Passiv:

Täterloses Passiv

A 12 Formuliere zwei Bildunterschriften, die die Sichtweise des Esels deutlich werden lassen.

....

....

Wenn der „Täter" durch einen Ausdruck mit der Präposition von/durch (präpositionale Ergänzung) genannt wird, spricht man von täterabgewandtem Passiv. Wird der „Täter" hingegen gar nicht genannt, dann spricht man von täterlosem Passiv.

A 13 Täterloses oder täterabgewandtes Passiv? Entscheide!

a) Am Morgen erkennt der Geschäftsmann: *Im Laden ist eingebrochen worden.* ....

b) *Dann werden die Schrauben an der Seite des Regals festgeschraubt.* ....

c) Die Klasse hat Reißnägel auf dem Stuhl des Lehrers deponiert. Als der Lehrer die Klasse betritt, hat Evi Angst, er könne sich verletzen. Sie meldet sich und sagt: *„Da sind Reißnägel auf den Stuhl gelegt worden."* ....

d) *Der Staatschef ist am Morgen vom Außenminister am Flughafen empfangen worden.* ....

e) *Im Parlament wurde die Regierung bei der gestrigen Debatte von der Opposition kritisiert.* ....

A 14 Lies dir die Sätze aus der vorigen Aufgabe noch einmal genau durch! Welche Gründe gibt es jeweils, weshalb in den Fällen a) bis c) das täterlose Passiv verwendet wird?

Grund für **a)**

Grund für **b)**

Grund für **c)**

Das täterlose Passiv wird verwendet, wenn ein „Täter" nicht genannt werden kann, weil er unbekannt ist, nicht genannt werden soll oder nicht wichtig ist. Unwichtig ist der Täter in der Regel etwa in Gebrauchsanweisungen.

Auch im Aktiv gibt es eine Möglichkeit, den Täter nicht zu nennen: durch eine unpersönliche Formulierung mit man.

Man dreht die Schrauben an der Seite des Regals fest.

Ansonsten ist es im Aktiv nicht möglich, den Täter ungenannt zu lassen, da dieser grammatisch immer das Subjekt des Aktivsatzes ist und ein Satz ohne Subjekt nicht möglich ist.

Vorgangspassiv – Zustandspassiv

A 15 Vergleiche die beiden Abbildungen und ihre Bildunterschriften:

Der Kuchen wird gegessen.

....

Bildung: ....

....

Der Kuchen ist gegessen.

....

Bildung: ....

....

Ordne den Bildunterschriften die Begriffe Zustand und Vorgang zu und schreibe sie entsprechend in die erste Zeile.

Man unterscheidet beim Passiv zwei Geschehensarten: das Vorgangspassiv und das Zustandspassiv. Beim Vorgangspassiv wird ein Vorgang oder eine Handlung beschrieben, beim Zustandspassiv ein Zustand oder ein Ergebnis.

A 16 Vergleiche die beiden Passivarten hinsichtlich ihrer Bildung. Was stellst du fest? Vervollständige die Regelsätze und trage in Stichworten die Bildungsweise in die zweite Zeile der Aufgabe 15 (***Tipp:*** *Die Regel für die Bildung des Vorgangspassivs hast du bereits kennen gelernt, da alle bisherigen Passivformen Vorgangspassive waren!)*

Das .... wird mit der konjugierten Form von .... und dem .... gebildet.

Das .... wird mit der konjugierten Form von .... und dem .... gebildet.

A 17 Entscheide, ob in den folgenden Sätzen ein Vorgangspassiv oder ein Zustandspassiv vorliegt.

1. Die Tür wird geöffnet. ....
2. Die Tür war geöffnet. ....
3. Der Tisch ist gerade gedeckt worden. ....
4. Das Kind wird gelobt werden. ....
5. Der Fußboden wurde geputzt. ....
6. Die Suppe ist gekocht. ....
7. Das Rätsel war gelöst. ....
8. Der Regenschirm ist aufgespannt gewesen. ....
9. Die Stereoanlage ist angeschaltet worden. ....

Abschlusstest: Aktiv – Passiv

A 18 Bilde die angegebenen Passivformen und trage sie in das Kreuzschema ein. Überlege, welches Personalpronomen du jeweils wählen musst!

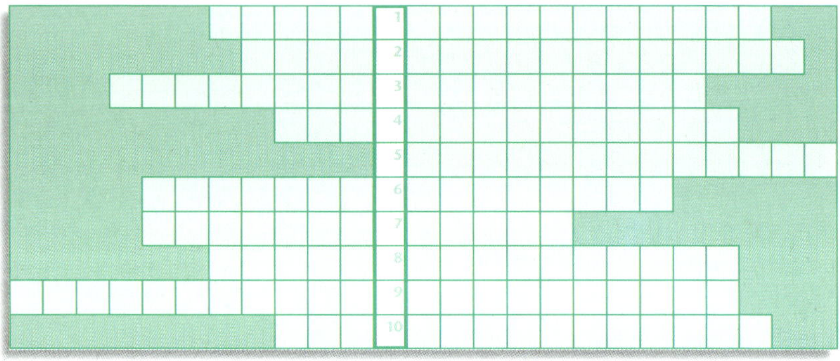

1. 3. Sg. Perfekt *loben* **2.** 1. Pl. Präsens *fahren* **3.** 3. Pl. Präteritum *schicken*
4. 3. Sg. Präteritum *raten* **5.** 3. Sg. Präsens *lieben* **6.** 3. Sg. Präteritum *vergessen*
7. 3. Sg. Präsens *lachen* **8.** 1. Sg. Präsens *fangen* **9.** 2. Pl. Futur *bitten*
10. 2. Sg. Präsens *tragen*

Lösungswort: ______________________

A 19 In Nachrichtentexten wird häufig das Passiv verwendet. Formuliere aus den angegebenen Fakten einen Nachrichtentext und verwende dabei an den passenden Stellen das Passiv. Überlege auch jeweils, ob es sinnvoller ist, täterloses oder täterabgewandtes Passiv zu verwenden.

Fakten: Banküberfall – Hamburg – Sparkasse – viertel nach acht – Kassierer – Bankangestellte – Geiseln – fesseln – Bankdirektor – Tresor – Beute – 100 000 DM – schwarze Ledertasche – Gangster – fliehen – unerkannt – Überwachungskamera.

Konjugation ▶ Modus: Indikativ – Konjunktiv – Imperativ

Indirekte Rede – allgemein

A 1 Unterstreiche alle Prädikate in den beiden Sprechblasen von Anton und Bero.

Wenn Anton Bero anspricht, benutzt er die direkte Rede. Wenn Bero wiedergibt, was sein Freund Anton ihm gesagt hat, spricht er in der indirekten Rede. Man kann die indirekte Rede daran erkennen, dass hier eine neue Form des Prädikats verwendet wird, der Konjunktiv. In der direkten Rede heißt die Form des Prädikats Indikativ. Indikativ und Konjunktiv bezeichnet man als Modus des Verbs.

A 2 Ordne die Verbformen, die Anton und Bero benutzen, nach Indikativ und Konjunktiv.

Indikativ	*Konjunktiv*
....	....
....	....
....	....

Tipp!

→ *Indikativ:* ***Sachliche Feststellung von Tatsachen***

Die Benzinpreise sind gestiegen.

→ *Direkte Rede:* ***In schriftlich verfassten Texten steht die direkte Rede immer in Anführungszeichen. In gesprochenen Texten, z.B. beim Vorlesen eines Romans, kann man die direkte Rede am Tonfall erkennen. Man kann mit der direkten Rede das Erzählte lebendig und spannend gestalten.***

Der Autofahrer klagt: „Die Benzinpreise sind gestiegen."

→ *Indirekte Rede:* ***Sie dient der Wiedergabe von Aussagen und Meinungen zum Beispiel in Protokollen, Berichten oder auch in einem Gerichtsprozess. Man kann mit der indirekten Rede Äußerungen zusammenfassen, um sich auf das Wesentliche zu beschränken. Sie wirkt distanzierend.***

Wiedergabe der Äußerungen in der indirekten Rede

– *mithilfe von dass-Sätzen:*

Der Autofahrer klagt, dass die Benzinpreise gestiegen sind.

– *mithilfe des Konjunktivs:*

Der Autofahrer klagt, die Benzinpreise seien gestiegen.

In den nächsten Kapiteln beschäftigen wir uns mit der indirekten Rede, die mithilfe des Konjunktivs formuliert wird. Bevor du selbst Äußerungen in der indirekten Rede wiedergeben kannst, musst du allerdings erst einmal die Formen des Konjunktivs bilden können. Hierbei helfen dir die folgenden Seiten.

Konjunktiv I Präsens

A **3** Unterstreiche im folgenden Text alle Prädikate.

Der Arzt sagt dem Patienten, es gebe keinen Grund zur Sorge. Er leide nicht an einer schlimmen Krankheit. Er müsse sich nur ein bisschen mehr Ruhe gönnen und solle sich gesund ernähren. Dann könne er in Zukunft sicherlich auch wieder besser schlafen. Den meisten Patienten helfe dieser Ratschlag.

Die Prädikate, die du in der Äußerung des Arztes unterstrichen hast, stehen im Konjuktiv I.

Die Formen des Konjunktivs I werden vom Infinitiv abgeleitet. Ihr besonderes Kennzeichen sind Endungen, die ein „e" enthalten.

A **4** **1.** In der folgenden Tabelle sind die Infinitive angegeben. Bilde die Indikativformen und die Konjunktivformen im Präsens in der 3. Person Singular.

2. Markiere die Endungen im Konjunktiv I mit einem farbigen Stift.

Infinitiv	Indikativ	Konjunktiv I	Infinitiv	Indikativ	Konjunktiv I
bauen	....	....	*können*	....	....
kommen	....	....	*wollen*	....	....
sehen	....	....	*haben*	....	....

A 5 Bisher hast du die Konjunktivformen im Präsens nur in der 3. Person Singular gebildet. Im Folgenden findest du ein Beispiel für die Konjugation des Konjunktivs I Präsens in allen Personen.

a) Ergänze den Indikativ Präsens.

Infinitiv	**Indikativ Präsens**	**Konjunktiv I Präsens**
geben	....	*ich gebe*
	....	*du gebest*
	....	*er/sie/es gebe*
	....	*wir geben*
	....	*ihr gebet*
	....	*sie geben*

b) Vergleiche die Verbformen im Indikativ und im Konjunktiv I und ergänze folgende Beobachtungen:

→ In der .... Person .... sowie in der .... und .... Person .... sind die Formen des .... mit denen des .... identisch.

→ In der .... Person .... und in der .... und .... Person .... unterscheiden sich die Verbformen von Indikativ und Konjunktiv.

Für die Umwandlung in die indirekte Rede gilt:

1. ***Grundsätzlich muss in der indirekten Rede der Konjunktiv I verwendet werden.***
2. ***Wenn die Formen des Indikativs und des Konjunktivs I übereinstimmen, benutzt man in der indirekten Rede als Ersatzform den Konjunktiv II.***

A 6 Besonders merken musst du dir die Konjunktiv-I-Formen des Hilfsverbs *sein.* Sie unterscheiden sich nämlich deutlich von den denen des Indikativs. Ergänze die Tabelle:

Infinitiv	Indikativ	Konjunktiv
sein	*ich bin*	*ich sei*
	du bist	*du seist*
	....	*er/sie/es sei*
	....	....
	ihr seid	*ihr seiet*
	....	*sie seien*

Konjunktiv II Präsens

Der Konjunktiv II wird vom Präteritum des Indikativs abgeleitet.

A 7 Ergänze die folgende Tabelle.

Infinitiv	Indikativ Präteritum	Konjunktiv II
geben	*ich gab*	*ich gäbe*
	....	....
	er/sie/es gab	....
	wir gaben	....
	....	*ihr gäbet*
	sie gaben	....

A 8 Unterstreiche im folgenden Text alle Prädikate und schreibe darunter, ob es sich um eine Indikativform, den Konjunktiv I oder den Konjunktiv II handelt.

In Peters Geburtstagseinladung steht, die Party finde um drei Uhr statt.

....

Sie werde in der Kellerbar veranstaltet. Alle sollten gute Laune mitbringen.

....

Wer wolle, könne sich auch verkleiden. Bero und Celia lesen die Einladung

....

und Bero fragt, ob Celia sich vorstellen könne, sich mit ihm zusammen als

....

Willi und Maja zu verkleiden. Sie hätten zu Hause als Borussiafans gelb-

....

schwarz gestreifte T-Shirts.

A 9 Ordne die Formen, die über der Tabelle stehen, richtig ein und ergänze die übrigen Formen.

er läuft – du trügest – er schriebe – sie flöge – er laufe – er schreibe

Infinitiv	Indikativ Präsens	Konjunktiv I	Indikativ Präteritum	Konjunktiv
schreiben			*er schrieb*	
	sie fliegt			
			du trugst	
	er sucht			

Wenn sich die Form des Konjunktivs II nicht von der Form des Indikativs Präteritum unterscheidet, wie beim Verb „suchen", verwendet man in der indirekten Rede eine Umschreibung mit „würde", um Missverständnisse zu vermeiden.

Tipp!

Der Konjunktiv II wird häufig auch außerhalb der indirekten Rede mit würde umschrieben, wenn die Form des Konjunktivs II veraltet wirkt.

Ich wünsche, er *äße* mehr Obst.
→ Ich wünsche, er *würde* mehr Obst *essen*.

A 10 Unterstreiche in den folgenden Sätzen die Form des Konjunktivs II und ersetze sie durch die Umschreibung mit „würde".

Anton sagt, Bero und Celia suchten noch ihre Einladung.

Peters Eltern meinen, sie feierten mit zu lauter Musik.

Anton und Bero sagen, bei dieser Flüstermusik gingen sie nach Hause.

Pronomen in der indirekten Rede

A 11 **a)** Unterstreiche in den folgenden beiden Texten alle Pronomina.

Direkte Rede *Peter sagt: „Ich freue mich auf meine Party."*
Indirekte Rede *Peter sagt, er freue sich auf seine Party.*

Direkte Rede *Celia bemerkt: „Ich freue mich besonders aufs Tanzen."*
Indirekte Rede *Celia bemerkt, sie freue sich besonders aufs Tanzen.*

Direkte Rede *Anton sagt: „Ihr denkt wohl an nichts anderes mehr."*

Indirekte Rede *Anton sagt, sie dächten wohl an nichts anderes mehr.*

b) Welche Arten von Pronomina werden hier verwendet?

1. ______________________

2. ______________________

c) Wie ändern sich die Pronomina bei der Umwandlung von direkter Rede in indirekte Rede?

.... → .... → ....

.... → .... → ....

Alle Pronomen in der indirekten Rede stehen in der 3. Person.

A 12 In der Begrüßung von Peter in der indirekten Rede fehlen die Pronomina. Setze die richtigen Formen der Pronomina ein und trage anschließend die Pronomina in die Tabelle ein.

Anton und Celia sind die ersten Gäste auf Peters Party. Peter begrüßt die beiden: „Ich bin gerade mit allen Vorbereitungen fertig. Ich kann noch gar nicht glauben, dass ich wirklich alles rechtzeitig geschafft habe."	*Anton und Celia sind die ersten Gäste auf Peters Party. Peter begrüßt die beiden und sagt, ... sei gerade mit allen Vorbereitungen fertig. .... könne noch gar nicht glauben, dass .... rechtzeitig alles geschafft habe.*

„Auch meine Stereoanlage ist schon komplett aufgebaut. Celia, du hast mir zum Glück noch die beiden Lautsprecherboxen geliehen. Meine Eltern sind übrigens doch mit ihren Freunden in den Wochenendurlaub gefahren. Wir sind also die Einzigen im Haus. Ich freue mich schon so auf unsere Party."	*Auch .... Stereoanlage sei schon komplett aufgebaut. Celia habe .... zum Glück noch die beiden Lautsprecherboxen geliehen. .... Eltern seien übrigens doch mit .... Freunden in den Wochenendurlaub gefahren. .... seien also die Einzigen im Haus. .... freue .... schon so auf .... Party.*

Direkte Rede	Indirekte Rede	Direkte Rede	Indirekte Rede
Personalpronomen:		*Possessivpronomen:*	
1.	....	1.	....
2.	....	2.	....
3.	....	3.	....
4.	-----	4.	....
5.	....	*Reflexivpronomen:*	
6.	....	1.	....
7.	....	-----	-----

Direkte Rede – Indirekte Rede

A 13 Stelle noch einmal die Regeln zusammen, die du bisher für die Umwandlung der direkten Rede in die indirekte Rede gelernt hast. Beantworte dazu die folgenden Fragen in vollständigen Sätzen. Danach kann es dann endlich losgehen!

1. *Welcher Modus wird in der indirekten Rede verwendet?*

   ____

2. *Wann muss der Konjunktiv II verwendet werden?*

   ____

3. *Wann benutzt man die Umschreibung mit „würde"?*

   ____

4. *Was gilt für die Verwendung der Pronomina?*

   ____

A 14 Vervollständige die folgenden Sätze der indirekten Rede, indem du das Prädikat im Konjunktiv ergänzt.

Er sagt, er .... *(trinken)* am liebsten Milch.

…, die anderen .... *(können)* das nicht verstehen.

…, sie .... *(haben)* andere Lieblingsgetränke.

…, sie .... *(trinken)* am liebsten Saft.

…, schließlich .... *(haben)* jeder seinen eigenen Geschmack.

…, und dies .... *(sein)* gut so.

A 15 Setze den folgenden Text in die indirekte Rede.

„Zurzeit lesen viele Erwachsene die Bücher über Harry Potter und sind sehr begeistert, obwohl es doch eigentlich Kinderbücher sind. Aber in diesen Büchern steckt so viel Fantasie, gibt es so viele zauberhafte Einfälle, dass man sich dem kaum entziehen kann. Harry Potter ist nämlich ein Zauberlehrling. Er geht zusammen mit seinen Freunden auf eine ganz besondere Schule, auf der sie lernen, ihre Zauberfähigkeiten zu entfalten und richtig einzusetzen. Sie lernen solche Unterrichtsfächer wie „Zaubertrank", „Der Umgang mit magischen Tieren" oder auch „Besenflug". Dabei ist Harry Potter aber auch unter den anderen Zauberlehrlingen jemand ganz Besonderes. Und deshalb trachten ihm immer wieder böse Mächte nach dem Leben. So erlebt er immer besonders aufregende und spannende Abenteuer. Die Bücher bieten also fesselnden Lesestoff, von dem man nicht genug bekommen kann."

Der Buchhändler erzählt, zurzeit ...

Konjunktiv I/II: Perfekt und Futur

Pia sagt zu Till,
Tom habe gestern wohl gut gelernt.

Till sagt zu Pia, er habe gestern keine Zeit gehabt zu lernen.

A 16 **a)** Schreibe die Prädikate der direkten und indirekten Rede heraus.

Pia: *Direkte Rede:* .... *Indirekte Rede:* ....

Till: *Direkte Rede:* .... *Indirekte Rede:* ....

b) Bestimme die Tempusformen der direkten Rede.

Pia: .... **Till:** ....

c) Vergleiche die Tempusformen der indirekten Rede: Was fällt dir auf? Formuliere deine Beobachtung in einem vollständigen Satz.

....

Im Indikativ gibt es drei Vergangenheitstempora: Präteritum, Perfekt und Plusquamperfekt. Für alle drei Vergangenheitsformen in der direkten Rede verwendest du in der indirekten Rede den Konjunktiv I Perfekt. Er wird gebildet mit dem Konjunktiv von haben oder sein und dem Partizip Perfekt.

Sie sagt: „Tom lernte.“ *(Präteritum)*	Sie sagt, er *habe gelernt.*
Sie sagt: „Tom hat gelernt.“ *(Perfekt)*	Sie sagt, er *habe gelernt.*
Sie sagt: „Tom hatte gelernt.“ *(Plusquamperfekt)*	Sie sagt, er *habe gelernt.*
Sie sagt: „Er war fleißig.“ *(Präteritum)*	Sie sagt, er *sei* fleißig *gewesen.*
Sie sagt: „Er ist fleißig gewesen.“ *(Perfekt)*	Sie sagt, er *sei* fleißig *gewesen.*
Sie sagt: „Er war fleißig gewesen.“ *(Plusquamperfekt)*	Sie sagt, er *sei* fleißig *gewesen.*

A 17 Setze den folgenden Text in die indirekte Rede. Die Überschrift brauchst du nicht zu übertragen.

Kennst du Odysseus?

Odysseus war ein besonders mutiger Kämpfer der alten Griechen. Nach der Eroberung der Stadt Troja hat er viele Abenteuer bestanden. Er irrte zusammen mit seinen Gefährten durch die Meere, bis er schließlich sein Schiff samt seinen Gefährten durch einen heftigen Sturm verlor. Er überlebte als Einziger und schwamm bei einer unbekannten Insel an Land. Dort waren die Bewohner freundlich zu ihm. Später gelangte er wieder mit einem Schiff seiner neuen Freunde zu seiner Heimatinsel Ithaka. Nachdem er dort zunächst einige Tage unerkannt gelebt hatte, gab er sich schließlich seiner Frau, die treu auf ihn gewartet hatte, zu erkennen und lebte fortan wieder als König von Ithaka.

Neben dem Konjunktiv I Präsens und dem Konjunktiv I Perfekt gibt es noch den Konjunktiv I Futur. Er wird gebildet mit der Konjunktiv-I-Form von werden und dem Infinitiv.

Er werde lernen. *Sie werde üben.*

Welche der drei Konjunktivformen in der indirekten Rede verwendet werden, hängt davon ab, ob man Vorzeitigkeit, Gleichzeitigkeit oder Nachzeitigkeit ausdrücken will.

A 18 Notiere hinter den Sätzen, ob Vorzeitigkeit, Nachzeitigkeit oder Gleichzeitigkeit ausgedrückt werden soll.

Übergeordneter Satz (Redeeinführung)	**Konjunktiv I**	**Zeitverhältnis zum übergeordneten Satz**
	der Spickzettel habe dort gelegen. **(Perfekt)**	....
Gabi sagt/hat gesagt/ hatte gesagt/wird sagen,	*der Spickzettel liege dort.* **(Präsens)**	....
	der Spickzettel werde dort liegen. **(Futur)**	....

Wie du siehst, ist die indirekte Rede unabhängig vom Tempus des übergeordneten Satzes. Die Redeeinführung kann lauten *Gabi sagt* ***oder*** *Gabi sagte* ***oder*** *Gabi wird sagen* ***usw. Entscheidend ist vielmehr das Zeitverhältnis, in dem der übergeordnete Satz zur Aussage der indirekten Rede steht.***

Tipp!

A 19 **a)** Unterstreiche die Konjunktivformen im folgenden Text.

Herr und Frau M. sind gerade Opfer eines Überfalls in ihrer Wohnung geworden. Den ermittelnden Kripobeamten erzählt Frau M., es sei schrecklich gewesen. Sie zittere immer noch am ganzen Leib. Der Täter habe einfach an der Haustür geklingelt. Sie sei hingegangen und habe geöffnet. Der Täter habe sie sofort zur Seite gestoßen, und zwar so heftig, dass sie mit dem Kopf gegen die Wand geprallt sei und nun eine Platzwunde habe. Er sei dann ins Wohnzimmer gestürmt und habe ihren Mann mit der Waffe bedroht. Deshalb habe ihr Mann das gesamte Bargeld, das sie im Haus hatten, sowie ihren Schmuck dem Täter gegeben. Nun tue es ihrem Mann allerdings doch Leid um den teuren Familienschmuck, aber das sei nun nicht mehr zu ändern. Nun ja, sie habe jetzt fürchterliche Kopfschmerzen, die Polizei werde hoffentlich alles daransetzen, den Täter zu fassen. Sie werde doch sicherlich sofort eine Fahndung einleiten und die wichtigsten Straßen sperren. Darüber hinaus werde sie doch wohl alle Typen der Unterwelt sofort auf ein Alibi überprüfen. Ob Frau M. damit nicht etwas übertreibt?

b) Lege in deinem Heft eine Tabelle an und ordne die Konjunktivformen nach Konjunktiv I Präsens, Konjunktiv I Perfekt und Konjunktiv I Futur.

A 20 Setze die fehlenden Tempusformen des Konjunktivs I ein. Bilde die Konjunktivformen aus den angegebenen Infinitiven. Überlege, welche Tempusform welches Zeitverhältnis ausdrückt. Denke auch an die Ersatzform!

geben – begeistert sein – durchsetzen – schätzen – sich fortsetzen

Wie die Zeiten sich ändern!

Ein Tischler berichtet seinem Auszubildenden, in den 70er-Jahren .... es vor allem Kunststoffmöbel .... *(Vorzeitigkeit)*. Die Menschen .... von den pflegeleichten Oberflächen .... *(Vorzeitigkeit)*. Heutzutage .... sich allerdings immer mehr der Trend zu Massivholzmöbeln .... *(Gleichzeitigkeit)*, da die Kunden immer mehr das natürliche Material .... *(Gleichzeitigkeit)*. Diese Entwicklung .... aus ökologischen Gründen hoffentlich weiter .... *(Nachzeitigkeit)*.

Bei der Umwandlung in die indirekte Rede gilt auch für die Konjunktiv-I-Formen des Perfekts und des Futurs die Regel, dass die Formen durch die Formen des Konjunktivs II ersetzt werden, wenn die Konjunktiv-I-Formen mit den Formen des Indikativs übereinstimmen. Stimmen die Formen des Konjunktivs II mit denen des Indikativs überein, so wird mit „würde" umschrieben.

Tipp!

Die folgende Tabelle gibt dir eine Übersicht über alle Konjunktivformen.

Modus / Tempus	*Indikativ*	*Konjunktiv I*	*Konjunktiv II*	*Umschreibung des Konjunktivs II*
Präsens	*er gibt*	*er gebe*	*er gäbe*	*er würde geben*
Perfekt	*er hat gegeben*	*er habe gegeben*	*er hätte gegeben*	*er würde gegeben haben*
Futur	*er wird geben*	*er werde geben*	*er würde geben*	---

Der Imperativ in der indirekten Rede

Der Imperativ der direkten Rede wird in der indirekten Rede mit den Modalverben (vgl. S. 52) „sollen" oder „mögen" umschrieben. Die Wahl des jeweiligen Modalverbs richtet sich dabei nach der Strenge der imperativischen Äußerung.

Der Bankräuber befahl dem Kassierer: „Gib mir das Geld!"
Der Bankräuber befahl, der Kassierer solle ihm das Geld geben.

Der alte Mann bat die Frau: „Helfen Sie mir bitte über die Straße."
Der alte Mann bat, die Frau möge ihm (bitte) über die Straße helfen.

A 21 Setze die folgenden Befehle der direkten Rede in die indirekte Rede.

a) *Der Skater ruft: „Geht mir aus dem Weg, Leute!"*

b) *Die Mutter warnt ihr Kind: „Bleib stehen!"*

c) *Die zittrige Dame bittet am Postschalter die wartenden Kunden: „Bitte lassen Sie mich vor!"*

Indirekte Fragesätze

A 22 **a)** Du hast bereits die beiden Arten von Fragesätzen kennen gelernt. Welche der folgenden Fragen ist eine *Entscheidungsfrage*, welche ist eine *Ergänzungsfrage*?

Julian muss bald in eine andere Stadt umziehen, er fragt sich:

→ *Welche Schule werde ich dort besuchen?*

____

→ *Werde ich bald gute Freunde finden?*

____

b) Ergänze die Regelformulierungen!

Fragepronomen – Fragezeichen – Fragezeichen – „Ja" oder „Nein" – Personalform des Verbs – Personalform des Verbs – zweiter

Entscheidungsfragen

→ ***Werden durch die .... eingeleitet!***

→ ***Meistens reicht ein einfaches .... zur Beantwortung dieser Frage.***

→ ***Werden durch ein .... abgeschlossen!***

Ergänzungsfragen

→ ***Werden durch ein .... eingeleitet.***

→ ***Die .... steht an .... Stelle.***

→ ***Werden durch ein .... abgeschlossen!***

A 23 Natürlich kann man auch Fragesätze in indirekte Fragen umwandeln. Felix erzählt seiner Schwester abends von den Fragen und Sorgen, über die Julian mit ihm gesprochen hat. Wandle Julians Fragen in indirekte Fragen um!

Julian: „Welche Schule werde ich dort besuchen?"

→ Julian fragt sich, welche Schule er dort besuchen wird.

Werde ich dort bald neue Freunde finden?

→

Wie viele Umzugskisten werden wir wohl brauchen?

→

Wann werde ich euch mal wieder besuchen können?

→

Wirst du mich auch mal besuchen kommen?

→

→ ***Werden Ergänzungsfragen zu indirekten Fragen umgewandelt, so werden diese durch ein Fragepronomen eingeleitet!***
→ ***Werden Entscheidungsfragen zu indirekten Fragen umgewandelt, so werden diese durch das Wort „ob" eingeleitet!***
→ ***Bei beiden Arten der indirekten Frage steht die Personalform des Verbs an letzter Stelle!***
→ ***Beide Arten der indirekten Frage werden mit einem Komma vom einleitenden Satz abgetrennt!***

A 24 Wandle die direkten Fragesätze in indirekte Fragen um und umgekehrt!

Erdkundetest

- *Die Lehrerin wollte wissen, welches der längste Fluss in Europa ist.*
- *Außerdem hat sie danach gefragt, wo der höchste Berg Deutschlands liegt.*
- *„Kennst du einen Fluss, der in den Rhein fließt?", das wollte sie von Maria wissen.*
- *Sie fragte: „In welcher Stadt befindet sich die Dechenhöhle und wann wurde sie entdeckt?"*

- *Oliver hat sie gefragt, ob er die Bundesländer, die an der Nord- oder Ostsee liegen, aufzählen kann.*
- *„In welchem Bundesland liegt das Sauerland?", diese Frage richtete sie an Martin.*
- *Ben musste ihr erklären, an welchem Fluss Wincheringen liegt.*
- *Zuletzt wollte sie wissen, ob wir die Mitgliedsländer der Europäischen Union nennen können.*

Abschlusstest: indirekte Rede

A 25 Nun hast du endlich alle Regeln für die Umwandlung der direkten Rede in die indirekte Rede kennen gelernt. Überprüfe, ob du alle Teilregeln noch im Kopf hast. Beantworte hierzu die folgenden sieben Fragen:

1. *Welcher Modus wird in der indirekten Rede verwendet?*
2. *Wann muss der Konjunktiv II verwendet werden?*
3. *Wann benutzt man die Umschreibung mit „würde"?*
4. *Was gilt für die Verwendung der Pronomina?*
5. *Wie werden Imperative in der indirekten Rede wiedergegeben?*
6. *Wie werden Satzfragen/Entscheidungsfragen formuliert?*
7. *Welches Zeitverhältnis drücken die verschiedenen Formen des Konjunktivs I aus?*

A 26 Gib den folgenden Text in der indirekten Rede wieder.
Beachte dabei alle Regeln!

Zu Beginn des Jahres 1891 erzählt Narzissa Whitman ihrer Enkelin Folgendes: *„Ich werde dir jetzt eine Geschichte aus längst vergangener Zeit erzählen. Aber sie ist trotzdem noch nicht vorbei und hat viel mit unserem heutigen Leben zu tun. Höre mir deshalb aufmerksam zu!*

Die Geschichte spielt im Jahre 1844, als die Sager-Kinder ganz allein durch den wilden Nordwesten Amerikas gezogen sind. Die Kinder gehörten ursprünglich mit ihren Eltern zu einem großen Treck, der in den fruchtbaren Tälern Oregons ein neues Leben beginnen wollte. Doch kurz nach der Geburt des siebten Kindes starben beide Eltern durch verdorbenes Wasser. Sie mussten in aller Eile begraben werden, damit der Treck weiterziehen konnte. Wenig später beschloss der Rest der Auswanderer, sich im leichter erreichbaren Kalifornien niederzulassen. Daraufhin trennten sich die Kinder heimlich vom Treck und zogen am Fluss weiter. Für die Ernährung des Säuglings nahmen sie eine Kuh mit. Bei der Jagd half ihnen ein Wolfshund. Anstelle der Eltern übernahm der vierzehnjährige John die Führung der Kinderkarawane. Es war nicht leicht für John, aber er handelte in allen Situationen äußerst umsichtig. Nur die Härte, die er gegenüber seinen kleinen Geschwistern zeigen musste, machte ihm sehr zu schaffen.Trotz aller Gefahren erreichten die Kinder gerade noch vor Einbruch des Winters halb verhungert ihr Ziel. Zufällig waren wir, dein Opa und ich, an diesem Tag draußen im Wald, als wir die Kinder auf uns zukommen sahen. Zuerst waren wir sehr erschrocken, aber dann ... Kannst du dir vorstellen, wie die Geschichte weitergeht? Die Kinder wurden in unsere Familie aufgenommen und so hatten wir auf einen Schlag sieben Kinder. Wir freuen uns noch immer, dass wir uns damals so entschieden haben. Und John, der Älteste, das ist natürlich dein Vater.

Während ich dir das alles erzähle, kommen mir all die Bilder von damals wieder in den Sinn. Ich frage mich oft: Was wäre aus den Kindern geworden, wenn wir sie nicht aufgenommen hätten? Eines Tages, davon bin ich überzeugt, wird irgendjemand kommen und die Geschichte aufschreiben. Dann wird sie unvergesslich werden."

Die Großmutter sagt, sie ...

Konjunktiv I/II außerhalb der indirekten Rede

Konjunktiv I – Präsens

Der Konjunktiv I kommt außer in der indirekten Rede auch in Aussagen vor, die einen Wunsch, eine Aufforderung oder einen Ausruf ausdrücken.

A 27 Schreibe hinter die folgenden Aussagen, ob es sich um einen Wunsch, eine Aufforderung oder um einen Ausruf handelt.

Man nehme ein Pfund Mehl. ....

Er ruhe in Frieden. ....

Sie lebe hoch! ....

Konjunktiv II – Irrealis

Den Konjunktiv II hast du bislang in der indirekten Rede als Ersatz für den Konjunktiv I kennen gelernt. Seine Formen hören sich aber zum Teil so ungewöhnlich an, dass es sogar erlaubt ist, sie zu umschreiben. Vielleicht hast du dich schon gefragt, warum man eigentlich den Konjunktiv II braucht.

A 28 Lies dir die folgenden Sätze durch. Entscheide, welche Sätze eine Aussage über Tatsachen machen, eine Gewissheit über die Wirklichkeit aussagen. Schreibe unter diese Sätze: wirklich. Entscheide, welche Sätze eine Aussage über Gedachtes und Vorgestelltes machen. Schreibe unter diese Sätze: nicht wirklich.

a) Ich wäre so gerne Millionär.
....

b) Mein Onkel ist steinreich.
....

c) Wäre ich doch schon im Urlaub!
....

d) Der Brief ist angekommen.
....

e) Ich wünsche, er führe noch heute.
....

f) Er verlässt mit dem Zug den Kölner Bahnhof.
....

g) Schriebe er mir doch.
....

h) Wenn morgen Heiligabend wäre, bekäme ich Geschenke.
....

Die Hauptfunktion des Konjunktivs II ist es, eine Aussage als unwirklich oder irreal, als nur vorgestellt zu kennzeichnen.

A 29 Fülle die Lücken mit den richtigen Formen des Konjunktivs II aus. Benutze die Infinitive, die über dem Text stehen.

Tipp: Du musst den Konjunktiv II manchmal mit *würde* umschreiben.

halten – bekommen – denken – üben – sein – träumen – zustande bringen – knabbern – starren

Wenn wir so ...., wie wir es für richtig ...., dann .... unsere Eltern einen Schreck, denn dann .... diese Aufgabe erst nächsten Monat dran. Wir .... nämlich, das Thema „Konjunktiv" sei zu schwer.

Wir .... auf die Aufgaben .... und .... nichts ....

Wir .... nur am Bleistift .... und .... von etwas anderem ....

In Wunschsätzen wird der Konjunktiv II verwendet, um deutlich zu machen, dass der Wunsch unerfüllbar ist.

Bea: Wäre ich doch ein Junge! *(Aber sie ist ja ein Mädchen.)*

A 30 Die dargestellten Situationen lassen jeweils die Formulierung eines irrealen (unerfüllbaren) Wunsches zu. Formuliere zu jeder Situation einen Wunschsatz.

Situation: Die Schulstunde dauert noch zwanzig Minuten.

Irrealer Wunsch: Wäre die Stunde doch nur schon vorbei.

Wenn die Stunde doch nur schon vorbei wäre.

Situation: Susanne läuft mit dünnen Sandalen durchs Hochgebirge und hat Blasen an den Füßen.

Irrealer Wunsch: Hätte ....

Situation: Nach übermäßigem Eisgenuss hat Daniel Bauchschmerzen.

Irrealer Wunsch: ....

Situation: Herr Sprinter wird mit seinem Auto mit 80 km/h in der Kölner Altstadt geblitzt.

Irrealer Wunsch: ....

In Konditionalsätzen (Bedingungssätzen) steht der Konjunktiv II besonders häufig zum Ausdruck der Irrealität (Unwirklichkeit).

A 31 Vervollständige die folgenden Bedingungssätze und schreibe sie in dein Heft. Du kannst deinem Einfallsreichtum freien Lauf lassen.

→ *Wenn ich ein Jahr Ferien hätte, würde* ....

→ ...., *hätten die Schüler jeden zweiten Tag frei.*

→ *Wenn es keinen Strom gäbe,* ....

→ *Wenn an jedem Tag Weihnachten wäre,* ....

Modalverben

Die Verben** dürfen, können, mögen, müssen, sollen, wollen* ***können einen Infinitiv (ohne** zu**) bei sich haben. In diesem Gebrauch nennt man sie** Modalverben.* ***Sie können die Rolle des Subjekts in einem Satz näher beleuchten, weil man mit ihnen etwa Pflichten, Fähigkeiten oder Verbote ausdrücken kann.

Er kann laufen.
Du solltest längst aufstehen.

Tipp!

Die Verben** dürfen, können, mögen, müssen, sollen **und** wollen **können allerdings auch allein das Prädikat eines Satzes bilden. Man kann sich dann jedoch häufig einen Infinitiv hinzudenken.

Anja will leider schon nach Hause. – Anja will leider schon nach Hause gehen.

Ich kann nicht mehr. – Ich kann nicht mehr essen.

A 32 Finde zu den vorgegebenen Aussagen passende Modalverben und trage sie in die Lücken ein.

Evi hat nie skaten gelernt.	Evi .... nicht skaten.
Daniel fährt lieber mit dem Fahrrad.	Daniel .... nicht skaten.
Antje hat vom Arzt ein Attest.	Sie .... nicht skaten.
Die anderen aus der Gruppe stürmen in die Halfpipe.	Alle anderen .... skaten.
Einer hat keine Inliner.	Einer .... zuschauen.
Ferdi hat noch eine Schnittwunde am Fuß.	Er .... nicht skaten.

A 33 Ordne die Modalverben *dürfen, können, mögen, müssen, sollen, wollen* den folgenden Bedeutungen zu.

Bedeutung des Modalverbs	Modalverb
Die Möglichkeit oder die Fähigkeit haben.	....
Zu etwas verpflichtet sein.	....
Eine Erlaubnis haben.	....
Den Wunsch oder die Absicht haben.	....
Die Pflicht haben. Es besteht die Notwendigkeit.	....
Einen (höflichen) Wunsch haben.	....

A 34 Formuliere mithilfe eines Modalverbs

a) ein Verbot: ....

b) einen Wunsch: ....

c) ein Gebot: ....

Modalverben können auch deutlich werden lassen, wie jemand seine Aussage einschätzt. Sie stehen dann häufiger im Konjunktiv II.

Insa *könnte* den Marathon geschafft haben.
Der Sprecher will die Möglichkeit zum Ausdruck bringen.

Insa *müsste* (*muss*) den Marathon geschafft haben.
Vermutung des Sprechers, die zwingend erscheint.

Insa *dürfte* den Marathon geschafft haben.
Annahme des Sprechers, die sich wohl bestätigen wird.

Insa *will* den Marathon geschafft haben.
Der Sprecher will seine Zweifel zum Ausdruck bringen.

Insa *soll* den Marathon geschafft haben.
Der Sprecher drückt aus, dass er dies gehört hat.

Insa *mag* den Marathon geschafft haben.
Dem Sprecher ist eigentlich etwas anderes wichtiger. Man erwartet ein *aber*.

Imperativ

Du hast nun bereits zwei Modi kennen gelernt:

1. ....

2. ....

Neben diesen beiden Aussageweisen gibt es eine dritte Aussageweise des Verbs: den **Imperativ.**

Komm nach Hause!
Helft mir doch!
Iss deinen Teller leer!
Haltet den Dieb!
Gib mir deine rettende Hand!
Spielt doch etwas leiser!
Sei mir nicht böse!

A 35 Lies dir nochmals die Imperative im vorangegangenen Beispiel durch.

a) Ordne die Verbformen im Imperativ nach Singular und Plural.

Singular: ....

Plural: ....

b) Unterstreiche die Imperative, die eine **Aufforderung** formulieren.

c) Was sollen die übrigen Imperative ausdrücken?

Eine ....

Mit dem Modus Imperativ wird eine direkte Aufforderung oder auch eine Bitte ausgedrückt.
Der Imperativ kann nur im Präsens gebildet werden, und zwar in der 2. Person Singular/Plural.

Im Singular gibt es drei mögliche Bildungsweisen:

mit Endung *-e*	Imperativform mit *-i-*	endungslos
rechn*e*	spr*i*ch	stell (auch: stell*e*)
öffn*e*	verg*i*ss	bring (auch: bring*e*)

A 36 Bilde die Imperative zu den folgenden Infinitiven in Singular und Plural.

Infinitiv	Imperativ *Singular*	Imperativ *Plural*	Infinitiv	Imperativ *Singular*	Imperativ *Plural*
essen	....	....	*sein*	....	....
feiern	....	....	*kommen*	....	....
sehen	....	....	*nehmen*	....	....
lesen	....	....	*schreiben*	....	....

Tipp!

Der Imperativ kann auch eine Höflichkeitsform bilden:

Lesen Sie diese Verlautbarung!
Gehen wir doch nach Hause!
Reden Sie weiter!

2. Satzlehre

2.1 Satzglieder ▶ Subjekt – Prädikat – Objekt (Wdh.)

Du hast gelernt, dass ein Satz wenigstens aus zwei Satzgliedern besteht, aus dem *Subjekt* und dem *Prädikat*. (*Die Mannschaft* ***siegte****.*)
Meistens stehen zudem noch Ergänzungen dabei, die *Objekte*. (*Die Mannschaft* ***gewann*** *das Finale.*)

A 1 Was weißt du noch zu diesen drei wichtigsten Satzgliedern? Setze die Wörter aus dem Wortspeicher passend ein. Aber Vorsicht: Ein Wort bleibt übrig!

Person – wer oder was? – Verb – wessen? – Satzglied – Dativobjekt – Numerus – Subjekt – präpositionales Objekt – wen oder was?

→ *Das .... als Prädikat muss in seiner Personalform in .... und .... (Singular/Plural) mit dem .... übereinstimmen.*

→ *Das Satzglied, das man mit .... erfragen kann, nennt man Subjekt.*

→ *Objekte kann man erfragen mit:*

- *.................................... (Akkusativobjekt)*
- *Wem? (....................................)*
- *.................................... (Genitivobjekt)*
- *Auf wen oder was? (u. ä.) (....................................)*

Welches Wort bleibt übrig? Erkläre diesen grammatischen Fachbegriff!

....

A 2 **a)** Vervollständige den Zeitungsartikel, indem du Personen und Gegenstände, die für das Sportereignis eine Rolle spielen, ergänzt. Setze die Wörter des Wortspeichers in die entsprechenden Fälle!

b) Bestimme in dem Zeitungsartikel die ergänzten Satzglieder, indem du die Abkürzungen in die Klammern einfügst: Subjekt (S) und Objekt (Akkusativobjekt AO, Dativobjekt DO, Genitivobjekt GO, präpositionales Objekt pO).

die Leistung seiner Mannschaft – ihr Spiel – keiner der knapp 500 Zuschauer – das Spielfeld – die Begegnung – ein hauchdünner Sieg – ein Erfolg – das Team des DBB – die finnische Mannschaft – die Verletzung von Sören Hoeg – der tolle kämpferische Einsatz – der finnische Trainer – ~~das Basketballländerspiel gegen Finnland~~ – die deutschen Spieler

Internationales Basketballturnier in Stuttgart

Einstellung und Kampfgeist imponierten

Das Basketballländerspiel gegen Finnland (S) stellte einen großen Härtetest für die deutsche Mannschaft dar. Am Ende gelang .... (....) mit 82:79 .... (....). Lange Zeit traute .... (....) .... (....) .... (....) zu. Zeitweilig führte .... (....) überlegen mit 20 Punkten. Erst in der Schlussphase fanden die Deutschen zu .... (....) und konnten .... (....) für sich entscheiden. Bedauert wurde die .... (....). Nach der unfairen Attacke wurde ein deutscher Spieler .... (....) verwiesen. .... (....) war trotz der Niederlage mit .... (....) zufrieden, besonders lobte er .... (....) seines Teams.

Satzglieder ▶ Adverbiale Bestimmungen – Attribute

A 1 Wiederhole, was die Begriffe *adverbiale Bestimmung* und *Attribut* bedeuten. Setze dazu die grammatischen Fachbegriffe richtig ein:

Bezugswort - Satzgliedteil - Umständen - Satzglied - Prädikat

Die adverbiale Bestimmung ist ein ...., das dazu geeignet ist, das .... näher zu bestimmen und genauere Angaben zu den .... zu machen.

Das Attribut ist ein ...., das immer mit seinem .... verbunden bleibt und nähere Angaben zu diesem macht.

Morgen läuft der neue Kinofilm mit Mel Gibson an.
adv. Best. — Attribut — Attribut

A 2 Na, wieder alles klar? Dann dürfte es dir auch nicht schwer fallen, in dem nachfolgenden Text die einzelnen Satzglieder voneinander zu trennen und möglichst exakt zu bestimmen.
Schreibe folgende Abkürzungen hinter die Satzglieder: Subjekt (S), Prädikat (P), Akkusativobjekt (AO), präpositionales Objekt (pO), Dativobjekt (DO), Genitivobjekt (GO), adverbiale Bestimmung (adv. Best.). Zunächst musst du allerdings die Wortgrenzen erkennen. Schreibe den Text in dein Extraheft ab.

DIEMEISTENBERÜHMTENACTIONFILMEHABENKEINEIN
TERESSANTESTORY.DERANHALTENDEERFOLGDIESERFIL
MEBERUHTAUFDENSPEKTAKULÄRENSTUNTSUNDAUFDEN
BEEINDRUCKENDENSPEZIALEFFEKTEN.DIEBESETZUNG
MITBEKANNTENSCHAUSPIELERNVERHILFTDEMFILMZUER
FOLG.WEGENDERGEWALTVERHERRLICHENDENSZENEN
MEHRENSICHDIEKRITISCHENSTIMMEN:SEITJAHRENWER
DENDIEFILMEMACHERDERFÖRDERUNGDERGEWALTBE
REITSCHAFTANGEKLAGT.

Die meisten berühmten Actionfilme (S) haben (P) keine interessante Story (AO). ...

A 3 Setze die folgenden Begriffe in die Regelformulierung ein!

temporale adv. Best. - modale adv. Best. - kausale adv. Best. - lokale adv. Best. - wie oft? - wo? - wie? - auf welche Art und Weise? - wann? - aus welchem Grund? - wohin? - bis wann? - wie lange? - woher? - weshalb? - seit wann? - warum?

Du kennst bislang vier verschiedene adverbiale Bestimmungen:

a) die adverbiale Bestimmung der Zeit (..........................).

Man fragt nach ihr: ...., ...,

.........................., ..., ...

b) die adverbiale Bestimmung des Ortes (..........................). Man fragt nach ihr: ...., ..., ...

c) die adverbiale Bestimmung des Grundes (..........................). Man fragt nach ihr: ...., ..., ...

d) die adverbiale Bestimmung der Art und Weise (..........................).

Man fragt nach ihr: ...., ...

A 4 Bestimme mithilfe der Fragen die hervorgehobenen adverbialen Bestimmungen. Doch Vorsicht: In einem Fall kommst du mit den dir bereits bekannten Fragen nicht weiter. Wie könntest du in dem betreffenden Satz nach der adverbialen Bestimmung fragen?

1. *Anfang des letzten Jahrhunderts etablierte sich das Kino als beliebte Freizeitbeschäftigung.*

Wann etablierte sich das Kino als beliebte Freizeitbeschäftigung?

Anfang des letzten Jahrhunderts (temporale adv. Best.)

2. *In vielen großen Städten Deutschlands eröffneten riesige Lichtspielhäuser.*

....

....

3. *Die Besucher schauten sich fasziniert die laufenden Bilder auf der Leinwand an.*

4. *Durch die Erfindung der Tonspur war der Siegeszug des Kinos nicht mehr aufzuhalten.*

5. *Die älteren Menschen verteufelten aus Furcht vor der neuen Technik das neue Medium.*

Die adverbiale Bestimmung, die du im vierten Beispiel neu kennen gelernt hast, bezeichnet man als **adverbiale Bestimmung des Mittels (instrumentale adv. Best.).**

Weitere wichtige adverbiale Bestimmungen sind:

a) ***die adverbiale Bestimmung des Mittels*** *(instrumentale adv. Best.).*
Man fragt nach ihr: ***womit?, wodurch?***

b) ***die adverbiale Bestimmung des Zwecks*** *(finale adv. Best.).*
Man fragt nach ihr: ***wozu?, in welcher Absicht?, zu welchem Zweck?***

c) ***die adverbiale Bestimmung der Bedingung*** *(konditionale adv. Best.).*
Man fragt nach ihr: ***unter welcher Bedingung?***

d) ***die adverbiale Bestimmung der Folge*** *(konsekutive adv. Best.).*
Man fragt nach ihr: ***mit welcher Wirkung?, mit welcher Folge?***

e) ***die adverbiale Bestimmung der Einräumung*** *(konzessive adv. Best.).*
Man fragt nach ihr: ***trotz wessen?, trotz welchen Hindernisses?***

A 5 Ordne die Beispielsätze den jeweiligen adverbialen Bestimmungen richtig zu.

1. **Zur Information der Kunden** wird die Zeitschrift „Kinonews" verteilt. — finale adv. Best. ……………
2. **Zum Entsetzen der Fans** kündigte der Filmstar seinen Rückzug aus dem Showbusiness an. — ……………
3. Die Kinobesucher werden **durch die Hochglanzplakate** angelockt. — ……………
4. Das Interesse am Kino ist **trotz steigender Eintrittspreise** groß. — ……………
5. **Bei Regenwetter** sind Kinos besser besucht. — ……………

A 6 Bestimme die adverbialen Bestimmungen des Wortspeichers und bilde aus dem einfachen Satz *„Robert fährt ins Kino"* drei unterschiedliche Sätze, in denen du die adverbialen Bestimmungen verwendest. Schreibe die Sätze in dein Extraheft!

nach Köln	lokale adv. Best.	*mit dem Fahrrad*	
bei Sonnenschein		*trotz einer Einladung zu einer Geburtstagsfeier*	
zur Entspannung		*zum Staunen seiner Freundin*	
aus Interesse		*gespannt auf den neuen Film*	
morgen		*nach der Schule*	

2.2 Sätze ▶ Satzreihen

Satzreihen verbunden mit Konjunktionen (Wdh.)

Was ist ein Hauptsatz? Ergänze die Regelformulierungen, die du schon gelernt hast, und präge sie dir noch einmal gut ein.

→ ***Ein Hauptsatz besteht mindestens aus einem .... und einem ....!***

→ ***Ein Hauptsatz ist ein selbstständiger Teilsatz, er kann also .... stehen!***

→ ***Die Personalform des Verbs steht immer an .... Stelle!***

***Die Verbindung mindestens zweier Hauptsätze nennt man** Satzreihe. **Eine solche Satzreihe kann entweder nur durch ein Komma verbunden sein, oder durch so genannte** nebenordnende Konjunktionen.*

A 1 Verbinde die folgenden Hauptsätze zu sinnvollen Satzreihen. Achte dabei auch darauf, dass man bei den Konjunktionen „und" und „oder" kein zusätzliches Komma setzen muss. Bei den Konjunktionen „aber", „jedoch" und „sondern" muss man jedoch zusätzlich noch ein Komma setzen!

Ich fahre zwar nur ins Sauerland.

Sie fanden meine Entscheidung gut.

Sie schwärmt allen von den Zitronenbäumen im Garten vor.

Die gemeinsamen Ferien mit meiner Jugendgruppe fand ich dann doch attraktiver.

In den Herbstferien fahre ich mit meiner Jugendgruppe weg.

Wir unternehmen tolle Ausflüge.

Mit meinen Eltern gab es gar keinen Streit.

Wir haben immer viel Spaß miteinander.

Ich hatte kurz überlegt, auch mit in den Süden zu reisen.

Sie freut sich schon auf den alten Bauernhof dort.

Dafür muss ich auch nicht eine so lange Anreise in Kauf nehmen.

Meine Schwester reist mit meinen Eltern in die Toskana.

Satzreihen verbunden mit Adverbien

Sätze können auch durch Adverbien miteinander verbunden werden. Durch diese Adverbien werden die Handlungen oder Tatsachen, von denen in den beiden Sätzen die Rede ist, näher aufeinander bezogen.

Verhältnis	Fachbegriff	gebräuchliche Adverbien
begründend	**kausal**	*deshalb, deswegen*
eine Handlung als Folge der anderen	**konsekutiv**	*dadurch, dazu, so*
nicht ausreichender Gegengrund	**konzessiv**	*dennoch, trotzdem*
zeitlich	**temporal**	*dann, darauf, danach*
nähere Umstände einer Handlung	**modal**	*damit, dadurch*

A 2 Setze die Adverbien in die folgenden Satzverbindungen ein und schreibe in die Klammer, um welches Verhältnis es sich handelt.

dadurch - dazu - daraufhin - dennoch - ~~deshalb~~ - deswegen

1. Die Herbstferien sind am Samstag zu Ende, deshalb ist unsere letzte Woche im Ferienlager nun angebrochen. (kausal)
2. Gestern Abend haben wir bis spät in die Nacht am Lagerfeuer gesessen. .... haben wir heute Morgen alle lange geschlafen. (........................)
3. Leider hat heute Morgen Maries Wecker nicht geklingelt. .... hat sie verschlafen und es nicht geschafft beim Bäcker Brötchen zu holen. (........................)
4. In der nächsten Woche ist hier ein Konzert meiner Lieblingsband, ... müssen wir leider nach Hause fahren. (........................)
5. Vorige Woche haben wir selbst einen Backofen gebaut. .... haben wir einen großen Metalleimer über einer Feuerstelle in die Erde eingelassen. (........................)
6. Leider regnet es in den letzten Tagen recht häufig, ... können wir nicht mehr so oft draußen sein. (........................)

Sätze ▶ Satzgefüge

Konjunktionalsätze – Relativsätze (Wdh.)

A 1 Sicher erinnerst du dich noch an Konjunktionalsätze. Ergänze die folgenden Regelformulierungen.

→ ***Konjunktionalsätze werden durch eine u.................. K......................... eingeleitet!***

→ ***Wie bei allen Nebensätzen steht auch bei Konjunktionalsätzen die Personalform des Verbs an l................. S.....................!***

→ ***Konjunktionalsätze werden, wie alle Nebensätze, mit K........................ vom Hauptsatz abgetrennt.***

A 2 Setze in den folgenden Text die fehlenden Konjunktionen ein!

weil - damit - wenn - obwohl - als - weil - sodass - damit

.... wir in den Herbstferien nicht wegfahren wollten, haben wir beschlossen, mehrere Tagesausflüge zu unternehmen. Eigentlich hätten wir die einzelnen Tage recht gut nutzen können, ... mein Bruder nicht jeden Morgen so lange geschlafen hätte. .... wir auf Bahnfahrten immer sehr viel Spaß haben, haben wir uns ein Familienticket gekauft. .... mein Vater vorher skeptisch war, ob wir mit der Bahn überall hinkämen, war er am Ende doch ganz begeistert. .... uns unsere Ausflüge nicht zu stressig wurden, haben wir nur jeden zweiten Tag etwas unternommen. .... wir auf einem unserer Ausflüge die Burg auf dem Drachenfels besichtigt haben, waren wir von der schönen Aussicht ganz begeistert. .... wir mittags nicht in irgendwelche Touristenrestaurants gehen mussten, hatten wir in unseren Rücksäcken immer ausreichend Proviant mit. Meine Mutter hatte sogar unser Fernglas eingepackt, ... wir die Gegend erkunden konnten.

A 3 Auch was ein Relativsatz ist, hast du schon gelernt. Korrigiere die durcheinander geratenen Regelsätze.

- → ***Valertiästez** geben zusätzliche **Foimarotinnen** zu einem vorausgehenden **Menon** oder **Orpmenon**, sie werden durch ein **Valertiorpmenon** eingeleitet.*
- → ***Wie bei allen Nebensätzen steht auch bei** Valertinästez **die Personalform des Verbs an** reltetz **Stelle!***
- → *Valertiästez **werden, wie alle Nebensätze, mit** Momak **vom Hauptsatz abgetrennt.***

Die Regeln lauten richtig:

→ ……………………………………………

……………………………………………

→ ……………………………………………

……………………………………………

→ ……………………………………………

……………………………………………

A 4 Verbinde die folgenden Sätze zu einem Satzgefüge mit Relativsatz!

Unser letzter Ausflug führte uns ins Haus der Geschichte in Bonn.

Das Haus der Geschichte ist ein Museum.

→ *Das Museum informiert über die Geschichte der Bundesrepublik Deutschland.*

Am Eingang haben wir Kassettenrekorder zum Umhängen erhalten.

→ *Mit diesen Kassettenrekordern wurde man durch die einzelnen Jahrzehnte geführt.*

Sehr interessant fanden wir eine Abteilung.

→ *In dieser Abteilung ging es um die Zeit kurz nach dem Zweiten Weltkrieg.*

Es gab dort viele Monitore.

→ *Auf diesen Monitoren konnte man sich kurze Filme über die Zeit zwischen dem Kriegsende und der Gründung der Bundesrepublik Deutschland und der Deutschen Demokratischen Republik anschauen.*

Infinitivsätze (satzwertige Infinitivgruppen)

Eine weitere Nebensatzform ist der so genannte Infinitivsatz (= satzwertige Infinitivgruppe). Den Kern eines solchen Satzes bildet – wie der Name schon sagt – eine Infinitivform mit „zu". Dieser Kern kann durch Erweiterungen ergänzt werden.

Nebensatz: Peter freut sich, *dass er heute schulfrei hat.*
Infinitivsatz: Peter freut sich, *heute schulfrei zu haben.*

A 5 Forme die folgenden Nebensätze in Infinitivsätze um und unterstreiche den Kern der Infinitivgruppe!

Der Wissenschaftler erklärt,

→ dass er erstaunt ist.

____

→ dass er über das Kaufverhalten vieler Jugendlicher erstaunt ist.

____

→ dass er über das Kaufverhalten vieler Jugendlicher, die noch zur Schule gehen oder in der Ausbildung sind, erstaunt ist.

____

A 6 Ergänze die vorgegebenen Satzanfänge jeweils durch einen Infinitivsatz. Die Stichworte des Wortspeichers sollen dir als Anregung dienen.

im Stau stehen – Mountainbike kaufen – Fahrrad benutzen – sich täglich bewegen – das teure Sportgerät abschließen – einige Kilo abnehmen – etwas für die Fitness tun – Kickboard fahren

1. *Viele Stadtbewohner nehmen sich vor* ....
2. *Es ärgert sie* ....
3. *Durch die zusätzliche Bewegung versuchen viele außerdem* ....
4. *Besonders für Büroangestellte ist es wichtig* ....

5. *In der Mittagspause beschließt auch Herr Klein ....*

6. *Er ist wild entschlossen ....*

7. *Sein Kollege rät ihm ....*

8. *Er findet es nämlich unpraktisch ....*

A 7 Forme die Sätze bzw. Satzgefüge so um, dass ein Satzgefüge aus Hauptsatz und Infinitivsatz entsteht und unterstreiche den Infinitivsatz!

1. *Herr Klein verspricht seiner Frau, dass er sich bessert.*

2. *Er hofft, dass er sich an dieses Versprechen halten kann.*

3. *Die Rücknahme preisreduzierter Waren ist nicht erlaubt.*

4. *Herr Klein hat sich geschworen, dass er nie wieder mit dem Rad zur Arbeit fährt.*

Partizipialsätze (satzwertige Partizipgruppen)

Satzwertige Fügungen mit einem Partizip als Kern bezeichnet man als Partizipialsätze (= satzwertige Partizipgruppe).

Nebensatz: *Da ihn der günstige Preis anlockte,* betrat Herr Klein das Fahrradgeschäft.

Partizipialsatz: *Vom günstigen Preis angelockt,* betrat Herr Klein das Fahrradgeschäft.

A 8 Forme die hervorgehobene Partizipgruppe in einen Nebensatz mit Personalform um.

1. *Durch die Redegewandtheit des Verkäufers überrumpelt,* kauft er ein viel zu teures Fahrrad.

2. *Aus dem Kaufrausch erwacht,* versucht Herr Klein seinen Kauf rückgängig zu machen.

3. Frau Klein, *kein Verständnis für den teuren Kauf habend,* schimpft mit ihrem Mann.

4. *Durch den Streit mit seiner Frau angespornt,* kehrt der Mann wütend in den Laden zurück.

Tipp!

Vor und nach satzwertigen Infinitiv- und Partizipgruppen ist die Kommasetzung grundsätzlich möglich, aber nicht zwingend nötig. Jedoch muss ein Komma gesetzt werden, wenn die Infinitiv- bzw. Partizipgruppe durch hinweisende Wörter angekündigt wird.

Der Büroangestellte arbeitet daran, noch besser zu werden.

A 9 Unterstreiche und bestimme die Partizipgruppen (PG) und die Infinitivgruppen (IG). Entscheide, wo ein Komma gesetzt werden muss!

1. *Nervös auf die Uhr schauend stand der Radfahrer an der roten Ampel. (.......)*
2. *Nach einer guten Minute dachte er nicht daran noch länger zu warten. (.......)*
3. *Ohne auf den Verkehr zu achten überquerte er die Straße. (.......)*
4. *Gerade in der Mitte der Straße angekommen ereignete sich der folgenschwere Unfall. (.......)*
5. *Durch den Zusammenstoß mit einem PKW verursacht wurde der Radfahrer in die Luft geschleudert. (.......)*
6. *Vor Schmerzen schreiend so wurde der Verunglückte ins nächste Krankenhaus eingeliefert. (.......)*

Sätze ▶ Gliedsätze

Wenn dir nach dieser kurzen Einführung die wichtigsten Satzglieder und die Unterschiede zwischen Haupt- und Nebensätzen wieder geläufig sind, können wir uns nun einem neuen grammatischen Thema zuwenden: den **Gliedsätzen.** Grundsätzlich kann jedes Satzglied – außer dem Prädikat – durch einen Nebensatz ersetzt werden.

Nebensätze können ihrer Form nach Konjunktionalsätze (eingeleitet durch eine Konjunktion), Relativsätze (eingeleitet durch ein Relativpronomen), Infinitivsätze oder indirekte Fragesätze (eingeleitet durch ein Fragepronomen oder durch „ob") sein. Betrachtet man aber die Funktion, die diese Teilsätze im Satzgefüge haben, so spricht man von Gliedsätzen.

Subjekt- und Objektsatz

A 1 In einer Jugendzeitschrift wurde das Konsumverhalten der 12- bis 16-Jährigen durch eine Befragung der betreffenden Altersgruppe untersucht. Hier die wichtigsten Ergebnisse:

a) Unterstreiche die Gliedsätze.
b) Ersetze den jeweiligen Nebensatz durch einen Nominalausdruck im Hauptsatz.
c) Bestimme abschließend, ob es sich bei dem Substantivausdruck um ein Subjekt (S) oder Objekt (O) handelt.

Die Auszubildenden freuen sich darüber, *dass sie ihr erstes eigenes Geld verdienen können.*

→ ... freuen sich über ihr erstes selbst verdientes Geld. (O)

1. Viele ärgern sich darüber, wie sie von den Verkäuferinnen und Verkäufern behandelt werden.

→ ______________________________ (   )

2. Die meisten der jungen Konsumenten wünschen sich, dass sie besser beraten werden.

→ ______________________________ (   )

3. Wie und ob die Jugendlichen sparen, wurde aus dieser Umfrage nicht ersichtlich.

→ ______________________________ ( )

4. Ob diese Entwicklung auch in den nächsten Jahren anhält, lässt sich schwer voraussehen.

→ ______________________________ ( )

- → ***Der Gliedsatz ist ein Nebensatz, der ein Satzglied ersetzt.***
- → ***Auch an die Stelle eines Subjekts oder Objekts kann ein Gliedsatz treten.***
- → ***Nach einem Subjektsatz fragt man genauso wie nach dem Subjekt, nämlich: „wer oder was?"***
- → ***Gliedsätze, nach denen man mit „wen oder was?" (Akk.) fragt, sind Objektsätze.***
- → ***Gliedsätze, nach denen man mit einer Präposition plus Fragepronomen fragt, sind Objektsätze, die ein präpositionales Objekt ersetzen.***
- → ***Objektsätze im Genitiv oder Dativ sind sehr selten.***
- → ***Gliedsätze werden durch Kommas vom übergeordneten Hauptsatz getrennt.***

A 2 Durch die Umformung eines Satzglieds in einen Gliedsatz kannst du dich viel ausführlicher ausdrücken.

Verena bemerkt *Meikes Unruhe.*
Verena bemerkt, *dass Meike unruhig ist.*
Verena bemerkt, *dass die sonst so coole Meike heute sehr unruhig ist.*
Verena bemerkt, *dass die sonst so coole Meike trotz der guten Stimmung in der Clique heute sehr unruhig ist.*

Versuche nun selbst, die hervorgehobenen Satzglieder in einen Gliedsatz umzuformen und diese dann ausführlicher zu gestalten.

1. Die Forscher wundern sich *über die Höhe des Taschengeldes.*
2. Die Verkäufer vergewissern sich *der Kaufabsicht der Jugendlichen.*
3. Die jungen Käufer achten *auf die Marken.*

In einem Satz kommt ein Genitivobjekt vor, das du in einen Objektsatz im Genitiv verwandelt hast. Welcher ist das?

Man kann die Sätze auch so umformen, dass die Gliedsätze am Ende des Satzgefüges stehen. Bei Subjektsätzen muss dann meistens noch ein „es" eingefügt werden.

Tipp!

Subjekt: *Die Telefonsucht der Jugendlichen* bringt den Telefongesellschaften satte Gewinne.

Subjektsatz: *Dass Jugendliche süchtig nach Telefonieren sind,* bringt den Telefongesellschaften satte Gewinne.

oder: **Es** bringt den Telefongesellschaften satte Gewinne, *dass die Jugendlichen süchtig nach Telefonieren sind.*

A 3 Probiere das selbst an folgenden Sätzen aus!

1. *Die Kritik ihrer Eltern* hält die meisten Jugendlichen nicht von ihren Einkäufen ab.

.

oder: .

2. Auch *durch die zum Teil überhöhten Preise* lassen sich die jugendlichen Konsumenten nicht abschrecken.

.

oder: .

3. *Das Angebot an zahlreichen Trendartikeln* heizt die Konsumfreude der Jugendlichen zusätzlich an.

.

oder:

.

Subjekt- und Objektsätze lassen sich nicht nur durch Substantivausdrücke ersetzen, sondern auch durch Infinitivsätze.

Die Forscher bescheinigen den jungen Konsumenten, *dass sie ein gutes Preisbewusstsein haben.*

Die Forscher bescheinigen den jungen Konsumenten, *ein gutes Preisbewusstsein zu haben.*

A 4 Wandle die Subjekt- und Objektsätze in entsprechende Infinitivsätze um.

1. Lena freut sich, dass sie ihr eigenes Geld hat.
2. Es freut Daniels Eltern, dass sie viele Freizeitaktivitäten gemeinsam unternehmen können.
3. Sabrina ist froh darüber, dass sie auch viel mit ihren Freundinnen unternehmen kann.
4. Für das Ansehen innerhalb der Gruppe ist es wichtig, dass man viele neue CDs besitzt.
5. Dass sie auf dem Heimweg von der Disco immer ein Handy dabei hat, macht Rabea sicher.

A 5 Dass-Sätze können sowohl ein Subjekt als auch ein Objekt ersetzen. Bestimme im nachfolgenden Text, ob der dass-Satz ein Subjekt (S) oder ein Objekt (O) vertritt. Bestimme sodann das Objekt näher: Handelt es sich um ein Akkusativobjekt (AO) oder ein präpositionales Objekt (pO)?

Freizeitangebote der Stadt

Die meisten Bürger wundern sich darüber, dass die Jugendlichen die Freizeitangebote der Stadt nicht gerne besuchen ( ). In einer Untersuchung stellten Forscher nun fest, dass gerade die Jugendzentren auf Ablehnung stoßen ( ). Die meisten Jugendlichen glaubten immer noch, dass sie dort nicht unbeobachtet von Erwachsenen ihren Freizeitvergnügen nachgehen können ( ). Dass es selbstverwaltete Jugendhäuser gibt ( ), war vielen Jugendlichen nicht bekannt.

Adverbialsätze – allgemein

Auch die adverbiale Bestimmung kann durch einen Gliedsatz – den so genannten **Adverbialsatz** – ersetzt werden. Häufig werden diese Gliedsätze durch eine Konjunktion eingeleitet, sind der **Form** nach dann also **Konjunktionalsätze.** Man kann zwischen kausalen (Grund), konditionalen (Bedingung), finalen (Ziel, Zweck), konsekutiven (Folge), konzessiven (nicht ausreichender Gegengrund), adversativen (Gegensatz), temporalen (Zeit) und modalen (Art und Weise) Adverbialsätzen unterscheiden.

Kausalsätze

→ ***Kausalsätze geben – wie kausale adverbiale Bestimmungen – den Grund oder die Ursache eines Zustands bzw. einer Handlung an.***

→ ***Sie werden häufig eingeleitet durch die Konjunktionen „weil" oder „da"!***

→ ***Man fragt nach ihnen „warum?" – „aus welchem Grund?"***

A 6 Welche der Sätze geben jeweils den Grund an? Bilde sinnvolle kausale Satzgefüge und schreibe sie in dein Heft.

- Carina hat bei ihrer Zahnärztin angerufen. Ihr ist gerade ein Stück vom Zahn abgebrochen.
  ~~Weil Carina bei ihrer Zahnärztin angerufen hat, ist ihr gerade ein Stück vom Zahn abgebrochen.~~
  Weil ihr gerade ein Stück vom Zahn abgebrochen ist, hat Carina bei ihrer Zahnärztin angerufen.
- Carina soll direkt zur Praxis kommen. Die Ärztin will versuchen, das Stück wieder anzukleben.
- Ein Patient hat seinen Termin abgesagt. Carina kann sofort in eines der Behandlungszimmer gehen.
- Es gelingt der Zahnärztin, den beschädigten Zahn wieder zu heilen. Carina ist früh genug zur Praxis gekommen.

A 7 In der Zeitung liest du folgende Stellenanzeige.

Bedienung für Eisdiele gesucht

Als führende Eisdiele am Platz suchen wir Verstärkung für unser Team. Wenn du folgende Fähigkeiten mitbringst, solltest du dich bei uns bewerben:

- *Du bist freundlich und meistens gut gelaunt!*
- *Du gehst gerne mit Menschen um!*
- *Du hast ein gepflegtes Aussehen!*
- *Du hast am Wochenende viel Freizeit!*
- *Du freust dich über die Aufbesserung deines Taschengeldes!*
- *Du bist bereit unterschiedliche Tätigkeiten zu übernehmen!*

Eisdiele Olivotti Beringstraße 18, 53113 Bonn

Warum bist du genau der/die Richtige für den Job? Schreibe die Kausalsätze in dein Heft!

Ich bin der/die Richtige für den Job, weil ich freundlich ...

A 8 Wenn Substantivausdrücke mit der Präposition „wegen" verbunden sind, haben sie einen kausalen Sinn. Daher kann man sie auch in Kausalsätze verwandeln. Formuliere die folgenden Teilsätze in kausale Adverbialsätze um!

Warum ist es in Weimar so schön?

→ *wegen des Schiller-Hauses, das man besichtigen kann*
In Weimar ist es so schön, weil man dort das Schiller-Haus besichtigen kann.

→ *wegen des schönen Parks, in dem das Sommerhaus von Goethe liegt*

→ *wegen der Straßenmusikanten, die die Besucherinnen und Besucher unterhalten*

→ *wegen des Cafés am Marktplatz, in dem man den weltbesten Mohnkuchen essen kann*

→ *wegen der vielen alten Häuser, die gut und geschmackvoll renoviert sind.*

Konditionalsätze

- ***Konditionalsätze geben – wie konditionale adverbiale Bestimmungen – die Bedingung bzw. Voraussetzung an, unter der eine Handlung stattfindet bzw. eine Aussage gilt.***
- ***Sie werden häufig eingeleitet durch die Konjunktionen „wenn", „sofern" oder „falls".***
- ***Man fragt nach ihnen „unter welcher Bedingung?" – „unter welcher Voraussetzung?"***

A 9 Wandle die unterstrichenen adverbialen Bestimmungen in Konditionalsätze um!

Bei Regenwetter hat Julia immer schlechte Laune.

Wenn es regnet, hat Julia immer schlechte Laune.

1. *Mit etwas Übung* bist du genauso schnell wie Julius.
2. *Oberflächlich betrachtet* ist der Klassenraum sauber.
3. *Bei schlechtem Wetter* muss das Schulfest leider ausfallen.
4. Christian hat *beim Joggen* immer die besten Ideen.
5. *Ohne ausreichendes Training* wird Max sein Tennismatch bestimmt verlieren.

Ein Konditionalsatz kann aber auch ein uneingeleiteter Nebensatz sein. Die Personalform des Verbs steht dann an erster Stelle **(Stirnsatz).**

Konjunktionalsatz: Wenn es in der Mensa mittags Pommes mit Hähnchen gibt, …

***oder* Stirnsatz:** Gibt es in der Mensa mittags Pommes mit Hähnchen, dann freut sich Tobias wie ein Schneekönig.

A 10 Wandle folgende Konjunktionalsätze in konditionale Stirnsätze um!

1. *Wenn du kein Fahrrad hast, kannst du an der Radtour nicht teilnehmen.*
2. *Wenn Nina zu Weihnachten einen Hund bekommt, freut sie sich sehr.*
3. *Immer wenn bei Niklas der Physikunterricht ausfällt, macht er Luftsprünge.*
4. *Wenn Sophia ihre Lieblings-CD hört, kann sie am besten entspannen.*

Durch die Wahl unterschiedlicher Modi kann man ausdrücken,

→ ob man es für **wahrscheinlich** hält, dass die Bedingung eintritt, man benutzt dann sowohl im Hauptsatz als auch im Nebensatz den **Indikativ.**

Wenn Tobias ein neues Mountainbike geschenkt **bekommt, verkauft** er sein altes Rad.

→ Wenn Tobias aber in den letzten Wochen ziemlich viel Mist gebaut hat und man es deshalb für **unwahrscheinlich** hält, dass er ein neues Mountainbike bekommt, dann benutzt man sowohl im Hauptsatz als auch im Nebensatz den **Konjunktiv II des Präsens.**

Wenn Tobias ein neues Mountainbike geschenkt **bekäme, verkaufte** er sein altes Rad.

→ Wenn dann Tobias' Geburtstag vorbei ist und er kein neues Mountainbike bekommen hat, es jetzt also **nicht mehr möglich ist,** dann benutzt man sowohl im Hauptsatz als auch im Nebensatz den **Konjunktiv II des Perfekts.**

Wenn Tobias ein neues Mountainbike geschenkt **bekommen hätte,** hätte er sein altes Rad **verkauft.**

A 11 Wähle bei den folgenden Konditionalsätzen den richtigen Modus und setze die entsprechenden Verbformen ein.

Die nächste Deutscharbeit steht an,

→ *Jana hat dieses Mal wirklich gründlich geübt.*

Wenn Jana die letzte Klassenarbeit nicht „mangelhaft" ....

........................, ... sie eine Drei auf dem Zeugnis.

→ *Jana war leider so faul wie immer.*

Wenn Jana die letzte Klassenarbeit nicht „mangelhaft" ....

........................, ... sie eine Drei auf dem Zeugnis.

→ *Das war ja vorauszusehen, aber jetzt ist es zu spät.*

Wenn Jana die letzte Klassenarbeit nicht „mangelhaft" ....

........................, ... sie eine Drei auf dem Zeugnis.

A 12 Füge die Satzteile zu Satzgefügen mit Konditionalsätzen zusammen. Wähle zwischen Konjunktionalsätzen und Stirnsätzen, auch welchen Modus du gebrauchst, kannst du dir aussuchen.

Die Klasse einigt sich nicht auf ein Ziel für die Klassenfahrt.	◁ ▷	Der Ausflug fällt aus.
Du lässt mich manchmal abschreiben.	◁ ▷	Ich mache bei den Klassenarbeiten nicht so viele Fehler.
Unsere Mannschaft schießt kein Eigentor.	◁ ▷	Wir gewinnen.
Heute Nachmittag regnet es.	◁ ▷	Ich bleibe zu Hause.
Lukas passt besser auf.	◁ ▷	Der Unfall passiert nicht.
Du kennst meine Schwester.	◁ ▷	Du findest sie nett.

Finalsätze

- → ***Finalsätze geben – wie finale adverbiale Bestimmungen – das Ziel, die Absicht bzw. den Zweck einer Handlung an.***
- → ***Sie werden häufig eingeleitet durch die Konjunktionen „damit" und „dass" oder – als Infinitivsätze (satzwertige Infinitivgruppen) – mit der Präposition „um".***
- → ***Man fragt nach ihnen „wozu?" – „in welcher Absicht?" – „zu welchem Zweck?"***

A 13 Unterstreiche im folgenden Text alle finalen Konjunktionalsätze blau und alle finalen Infinitivsätze schwarz!

Jahresrückblick unserer Klasse

Wir haben uns überlegt, zum Ende des Schuljahres einen Jahresrückblick zu veröffentlichen. Damit wir uns später noch an alles Wichtige erinnern, führt unsere Klassensprecherin während des ganzen Jahres ein Klassentagebuch. Um ihr die Aufgabe zu erleichtern, haben wir eine Box aufgestellt. Damit dort kurze Berichte, Fotos oder auch Kommentare eingeworfen werden können. Einige Schülerinnen und Schüler verwenden dann die Hausaufgabenstunde dazu, um noch schnell einen Bericht vom letzten Ausflug zu schreiben.

A 14 Suche aus den folgenden Teilsätzen je zwei heraus, verbinde sie zu sinnvollen finalen Satzgefügen und schreibe sie in dein Heft!

Das Redaktionsteam trifft sich zum letzten Mal.	☐	☐	So erspart er sich das lästige Korrekturlesen.
Lara erinnert alle immer wieder daran, konzentriert zu arbeiten.	☐	☐	Sie will ihr den Jahresrückblick zuerst übergeben.
Fabian lässt das Rechtschreibprogramm über die Texte laufen.	☐	☐	Keiner soll vor lauter Hunger früher nach Hause gehen.
Antonia hat schon mit einem Copyshop verhandelt.	☐	☐	Es will den Jahresrückblick heute fertig stellen.
Maria hat zur Redaktionssitzung selbst gebackene Muffins mitgebracht.	☐	☐	Dann können sie heute Abend noch gemeinsam ins Kino gehen.
Katharina hat vor, in der letzten Woche die alte Klassenlehrerin zu besuchen.	☐	☐	Die Hefte sollen so schnell wie möglich kopiert werden.

A 15 Einige Angaben im Jahresrückblick lauten:

1. *Zur Unterstützung der Partnerschule in Burundi* hat unsere Klasse wieder einen Sponsorenlauf veranstaltet.
2. *Zur Information über die Geschichte der Bundesrepublik* unternimmt die Klasse einen Ausflug in das Bonner „Haus der Geschichte".
3. *Mit der Absicht, den Putzfrauen die Arbeit zu erleichtern,* richtete die Klasse einen Säuberungsdienst ein.

Formuliere diese Sätze in Satzgefüge mit Finalsätzen um!

1. Damit wir unsere Partnerschule in Burundi ...

2.

3.

Konsekutivsätze

- → ***Konsekutivsätze geben – wie konsekutive adverbiale Bestimmungen – die Folge oder die Wirkung eines Geschehens oder Sachverhalts an.***
- → ***Sie werden häufig eingeleitet durch die Konjunktionen „dass" und „sodass"!***
- → ***Man fragt nach ihnen „mit welcher Folge?" – „mit welcher Wirkung?"***

A 16 Unterstreiche die Konsekutivsätze und setze die fehlenden Konjunktionen ein!

Die Araber gründen ein Großreich

Zu Beginn des 6. Jahrhunderts n. Chr. lebte in Mekka Mohammed, ein tief religiöser Mann. Er war so sehr davon überzeugt, dass die Menschen nicht nach dem Willen Gottes lebten, ... er sie zur Umkehr ermahnte. Die Einwohner Mekkas wollten von Mohammed jedoch nichts wissen, ... er die Stadt verließ und nach Medina auswanderte. Dort hatte er mehr Erfolg, ... sich seine Anhängerschar bald vergrößerte. Innerhalb kürzester Zeit gelang es ihm so viele Menschen von seiner Botschaft zu überzeugen, ... bald fast alle Stämme der arabischen Halbinsel auf seine Worte hörten. Mohammed war damit nicht nur als religiöser Ratgeber angesehen, sondern wurde auch ein politischer Führer, ... die Menschen in allen Lebensbereichen auf ihn hörten.

A 17 Unterscheide bei den folgenden Satzreihen, was die Ursache und was die Wirkung ist. Bilde dann Satzgefüge, setze dabei die Ursache in den Hauptsatz und die Wirkung in einen konsekutiven Nebensatz! Achtung: Manchmal musst du die Reihenfolge der beiden Sätze vertauschen!

1. Man ernannte einen engen Vertrauten des Propheten zum Leiter von Staat und Gemeinde. Mohammed hatte vor seinem Tod keinen Nachfolger bestimmt.
2. Der Nachfolger Kalif Bekr wurde jedoch nicht von allen Stämmen anerkannt. Er musste mit einigen Stämmen Krieg führen.

3. Die ehemaligen Feinde wurden unterworfen. Der Kalif konnte das Reich nach Norden hin erweitern.
4. Die Araber lernten ganz neue Kulturen kennen und machten reiche Beute. Auch nach Palästina und Nordafrika rückten sie vor.

Hast du schon gemerkt, dass man Satzgefüge mit konsekutiven Nebensätzen ganz leicht in solche mit kausalen Nebensätzen verwandeln kann?

Die Araber drangen bis nach Spanien, *sodass sie im heutigen Andalusien ein bedeutendes Reich errichten konnten.*
konsekutiver Nebensatz

Die Araber konnten im heutigen Andalusien ein bedeutendes Reich errichten, *weil sie bis nach Spanien vordrangen.*
kausaler Nebensatz

A 18 Verwandle auch die folgenden Satzgefüge. Welche der beiden Möglichkeiten gefällt dir besser?

1. *Weil in Andalusien Menschen aus dem gesamten Mittelmeerraum lebten, stießen dort Menschen unterschiedlicher Kulturen aufeinander.*

2. *Die Kalifen waren an der Bildung ihrer Bediensteten interessiert, sodass sie Sternwarten und Bibliotheken erbauten.*

3. *Weil die Araber den Christen erlaubten, ihren Glauben zu behalten, lebten diese „Nichtgläubigen" als Kaufleute und Handwerker in eigenen Vierteln.*

4. *Weil die in Andalusien produzierten Seidenkleider besonders farbenprächtig waren, wurden sie ins ganze Araberreich verkauft.*

Konzessivsätze

→ ***Konzessivsätze geben – wie konzessive adverbiale Bestimmungen – einen nicht ausreichenden Gegengrund zu einem Sachverhalt an.***
→ ***Sie werden meistens eingeleitet durch die Konjunktionen „obwohl" und „auch wenn" (seltener „obschon", „obzwar", „wenngleich")!***
→ ***Man fragt nach ihnen „trotz wessen?" – „trotz welchen Hindernisses?"***

A 19 **a)** Welche der folgenden konzessiven Nebensätze passen inhaltlich zum Hauptsatz? Schreibe die neu gebildeten Satzgefüge in dein Heft, achte dabei auf die Zeichensetzung.

Katharina geht heute zur Schule

1. *obwohl sie eigentlich keine Lust dazu hat*
2. *selbst wenn er noch so pünktlich von zu Hause los geht*
3. *selbst wenn schon morgens die Jalousien heruntergelassen werden*
4. *selbst wenn es heute regnet*
5. *auch wenn sie nur zwei Unterrichtsstunden hat*
6. *obwohl ihm auf dem Schulweg die Kette vom Fahrrad abgesprungen ist*
7. *obwohl sie seine Verspätungen eigentlich im Klassenbuch eintragen müsste*
8. *obwohl er nie viel übt*

b) Weise jetzt jedem der Hauptsätze einen der oben genannten Konsekutivsätze zu. Zur Übung kannst du die neu gebildeten Satzgefüge auch noch einmal in dein Heft schreiben, achte dabei auf die Zeichensetzung!

A *Katharina geht heute zur Schule*
B *schreibt Kevin immer die besten Mathearbeiten*
C *Leon betritt morgens immer erst nach dem Klingeln den Klassenraum*
D *Jan schafft es heute doch noch rechtzeitig zur Schule zu komme*
E *In der Klasse 8 a ist es meistens ziemlich heiß*
F *Sandra ist nach der Schule immer ganz erschöpft*
G *Die Lehrerin hat bisher noch nie etwas dazu gesagt*
H *fährt Johanna mit dem Fahrrad zur Schule*

A 20 In den folgenden Text haben sich einige falsche Konjunktionen eingeschlichen, sodass ziemlicher Unsinn herausgekommen ist. Kannst du die Sätze verbessern? Streiche die falschen Konjunktionen und überlege dir die passenden.

Antonia freut sich auf den Besuch der französischen Brieffreundin Jaqueline, weil sie dann ihr Zimmer räumen muss. Jaqueline geht gern mit ihr ins Kino, damit sie nicht immer alles versteht. Nachdem Jaqueline immer ein wenig Heimweh hat, kommt sie doch gerne zu Antonia zu Besuch. Tobias, Antonias Bruder, mag Jaqueline mittlerweile auch ganz gern, weil er sie am Anfang richtig blöd fand. Sein Freund Daniel kommt ständig vorbei und möchte etwas mit Jaqueline unternehmen, sodass er eigentlich eine Freundin hat. Im Französischunterricht soll Jaqueline der Klasse etwas vorlesen, falls sie lautes Vorlesen hasst. Abends darf Antonia mit Jaqueline meistens noch rausgehen, damit Antonias Eltern ihr das sonst nie erlauben.

A 21 Formuliere aus den hervorgehobenen konzessiven adverbialen Bestimmungen Konzessivsätze.

→ *Trotz der zunehmenden Staus* fahren immer mehr Menschen Auto.

____

→ *Ungeachtet der Gefahren* fahren viele Radfahrerinnen und Radfahrer ohne Helm.

____

→ *Bei steigenden Benzinpreisen* fahren die Menschen trotzdem nicht weniger Auto.

____

→ *Trotz des Stoppschildes* halten die Autofahrer an der Kreuzung nicht an.

____

→ *Ungeachtet der Vorschriften* schnallen sich viele Menschen auf dem Rücksitz nicht an.

____

Temporalsätze

→ *Ein Temporalsatz ist ein Nebensatz, der einen Zeitpunkt oder eine Zeitdauer angibt. Dabei kann das im Nebensatz Genannte mit dem im Hauptsatz zeitlich zusammenfallen (= Gleichzeitigkeit), es kann ihm vorangehen (= Vorzeitigkeit) oder ihm folgen (Nachzeitigkeit).*

→ *Temporalsätze werden häufig eingeleitet durch die Konjunktionen „nachdem", „als", „während", „bis", „seit"!*

→ *Man fragt nach einem Temporalsatz mit „wann?", „bis wann?", „seit wann?", „wie lange?" usw.*

A 22 **a)** Unterstreiche in den folgenden Sätzen die temporalen Gliedsätze und entscheide, ob es sich um einen gleichzeitigen, einen vorzeitigen oder einen nachzeitigen Temporalsatz handelt.

1. Nachdem Pia die Gebrauchsanleitung gelesen hatte, wagte sie sich an den Zusammenbau ihres neuen Schreibtischstuhls.

zuerst liest Pia die Gebrauchsanleitung → vorzeitig

2. Bevor sie beginnen konnte, benötigte sie noch einen Schraubendreher und einen Imbusschlüssel.

3. Als sie das Werkzeug gefunden hatte, ging sie in ihr Zimmer und schloss die Tür, um ungestört zu sein.

4. Während sie die Musik ihrer Lieblingsband hörte, konnte sie sich am besten konzentrieren.

5. Sie wollte ihr Zimmer nun nicht eher verlassen, bis sie ihr Werk vollendet hatte.

6. Als sie gerade fertig war, rief ihr Vater sie zum Abendbrot.

b) Sortiere die einleitenden Konjunktionen in die Tabelle

Konjunktionen, die einen **gleichzeitigen Temporalsatz** einleiten	Konjunktionen, die einen **vorzeitigen Temporalsatz** einleiten	Konjunktionen, die einen **nachzeitigen Temporalsatz** einleiten
....	....	....
....	....	....

A 23 Ergänze die fehlenden Konjunktionen und Satzzeichen!

als – als – als – bevor – bis – nachdem – sobald – wenn

.... Freunde meinen Eltern von ihrem Schwedenurlaub erzählt hatten beschlossen sie nächstes Jahr auch mit uns dorthin zu fahren. .... sie uns von ihren Plänen berichteten waren wir noch zurückhaltend. .... wir uns auf unseren Urlaub freuen konnten haben wir uns im Internet über unseren Urlaubsort informiert. .... wir im Internet nachschauten haben wir entdeckt, dass in der Nähe unseres Urlaubsortes viele Elche lebten. .... mein kleiner Bruder dies erfahren hatte war er plötzlich begeistert von den Plänen meiner Eltern. Meine Begeisterung wuchs erst .... ich in der Beschreibung unseres Ferienhauses von dem nahen See gelesen hatte. .... ich die Augen schloss träumte ich von einem kleinen See mit einem verwilderten Ufer in der Abendsonne. Meine Freude nahm zu .... wir endlich losfuhren.

A 24 Verbinde die beiden Teilsätze mit der passenden Konjunktion und entscheide, ob es sich um einen vorzeitigen (V), einen gleichzeitigen (G) oder einen nachzeitigen (N) Temporalsatz handelt!

Meine Mutter packte am Abend das Auto,
Ich vertiefte mich zum Zeitvertreib in meine alten Astrid-Lindgren-Bücher,
Mein kleiner Bruder wurde schon langsam quengelig,
Wir fuhren über die neue Öresund-Brücke,
Meine Mutter war gerade von einem kurzen Nickerchen aufgewacht,
Mein Vater wollte erst einmal richtig ausschlafen,

nachdem
während
bevor
sobald
bis
als

er schon über 10 Stunden still gesessen hatte	___
er an unserem Urlaubsziel angekommen war	___
wir mitten in der Nacht losfuhren	N
ich endlich die Welt der Bücher live erleben konnte	___
gerade die Sonne aufging	___
wir unser kleines, rot angestrichenes Ferienhäuschen erreicht hatten	___

Adversativsätze

→ ***Bei einem Satzgefüge mit einem Adversativsatz werden Aussagen einander gegenübergestellt.***

→ ***Adversativsätze werden häufig eingeleitet von den Konjunktionen „während" , „wenn", „anstatt", „außer dass".***

→ ***Man fragt nach Adversativsätzen mit „was passiert andererseits (nicht)?", „was passiert im Gegensatz dazu (nicht)?"***

A 25 Bilde aus den Satzreihen mit entgegensetzender Konjunktion, adversative Satzgefüge und schreibe sie in dein Heft. Benutze dazu folgende Konjunktionen:

während - wenn - anstatt dass - wohingegen

1. *Meine Freundin fährt nach dem Kinobesuch mit der Bahn nach Hause, aber ich schwinge mich auf mein Fahrrad.*
2. *Eigentlich sollte Johannes den neuen Harry-Potter-Roman an seine Schwester verleihen, aber er verkauft ihn auf dem Flohmarkt.*
3. *Auf der Kirmes genießt Lea die Aussicht von dem hohen Riesenrad, aber ihr Vater starrt wegen seiner Höhenangst nur vor sich hin.*
4. *Du gehst auf den Fußballplatz, aber ich gehe zum Eishockeyspiel.*

Adversativsätze sind nicht immer leicht zu erkennen, weil sie häufig von Konjunktionen eingeleitet werden, die auch eine andere Bedeutung haben können. „Während" kann auch einen Temporalsatz einleiten und „wenn" kann zu Beginn eines Konditionalsatzes stehen. Welche Bedeutung die Konjunktion hat, hängt allein vom Inhalt des Nebensatzes ab.

A 26 Entscheide bei den folgenden Satzgefügen, ob es sich um ein adversatives, ein temporales oder ein konditionales Verhältnis handelt.

- *Wenn das Licht im Zirkus ausgeht, steigt die Spannung.* ....
- *Ben ist ein sehr sportlicher Junge, während seine Schwester lieber Klavier spielt.* ....
- *Wenn du nachmittags liest, habe ich die Gelegenheit fernzusehen.* ....
- *Wenn mein Vater Spaghetti kocht, esse ich lieber nur den Nachtisch.* ....
- *Julian geht morgen ins Kino, wenn sein Freund ihn begleitet.* ....

Modalsätze

- *Modalsätze geben – wie modale adverbiale Bestimmungen – die genaueren Umstände einer Handlung an.*
- *Modalsätze werden häufig eingeleitet durch die Konjunktionen „wie", „indem", „dadurch dass", „wobei". Auch mit „ohne zu" eingeleitete Infinitivsätze sind Modalsätze.*
- *Man fragt nach ihnen mit „wie?", „wodurch?", „mit welchem Mittel?", „unter welchen (Begleit-)Umständen?".*

A 27 Unterstreiche im folgenden Text alle Nebensätze, die etwas Genaueres zu den Umständen einer Handlung aussagen, und schreibe die einleitenden Konjunktionen heraus.

Kindheit und Jugend auf dem Dorf im Mittelalter

Im Mittelalter starben viel mehr Kinder, als wir es heute gewohnt sind. Dadurch, dass die Bauern in sehr ärmlichen Verhältnissen lebten, hatten sie kein Geld für einen Arzt. Außerdem versuchten die Bäuerinnen zuerst ihre Kinder zu heilen, indem sie auf bewährte Hausmittel und Kräuter zurückgriffen. Ohne dabei auf Sauberkeit und gute Ernährung zu achten, konnten die Eltern ihren Kindern jedoch oft nicht helfen. Die Kinder wuchsen auf, ohne dass sie eine Schule besuchten und Rechnen und Schreiben lernten. Um die Zahl der Esser zu verringern, wurden die Kinder dann in der Regel als Zwölf- bis Vierzehnjährige aus dem Haus gegeben, indem man sie als Knechte und Mägde zu reichen Bauern schickte. Für die Jungen war es wichtig, im Dorf anerkannt zu werden. Dadurch, dass sie im Alter von vierzehn Jahren in die Gemeinschaft der „Burschen" aufgenommen wurden, wurden sie als vollwertiges männliches Dorfmitglied anerkannt und waren zum Beispiel für die Verteidigung des Dorfes mitverantwortlich. Auch die Mädchen trafen sich an den langen Winterabenden zu einer gemeinsamen Runde, wobei sie unter Aufsicht einer älteren Frau Wolle sponnen.

Konjunktionen:

dadurch dass

A 28 Setze die folgenden Textteile wieder zusammen und schreibe den vollständigen Text in dein Heft, achte dabei auf die Zeichensetzung!

Die Bauern mussten tagaus und tagein die gleichen schweren Arbeiten verrichten,

waren die Erträge auf ihren Feldern sehr gering.

Dadurch, dass die Bauern an den Grundherrn Abgaben leisten mussten,

indem sie das Richteramt ausübten.

Die Kinder mussten auch arbeiten,

wobei die großen Pflugschare von dem Dorfschmied gefertigt wurden.

Die Männer stellten die Ackergeräte selbst her,

brauchten die Grundherren nicht selbst körperlich zu arbeiten.

Dadurch, dass die Bauern im Mittelalter noch keine Ahnung von der Düngung der Felder hatten,

wie sie es von ihren Eltern gelernt hatten.

Die Adligen sorgten in ihrem Macht-bereich für Recht und Ordnung,

indem sie die Tiere hüteten oder Holz und Beeren sammelten.

A 29 Formuliere die folgenden Satzreihen zu Satzgefügen mit Modalsätzen um.

1. *Die Tochter verkauft auf dem Markt die Schurwolle des letzten Frühjahrs. Damit erhält sie genug Geld, um einen Arzt für ihre kranke Mutter bezahlen zu können.*

....

....

2. *Der Arzt kommt zu ihnen nach Hause. Gleichzeitig bringt er auch die entsprechenden Medikamente mit.*

....

....

3. *Die Tochter verabreicht ihrer Mutter die Medizin. Dabei achtet sie nicht darauf, abgekochtes Wasser zu verwenden.*

....

....

4. *Die Mutter nimmt die Medizin. Dadurch gewinnt sie neue Kräfte.*

....

....

Abschlusstest: adverbiale Bestimmungen – Adverbialsätze

A 30 In dem Text sind adverbiale Bestimmungen verwendet worden. Suche diese heraus und ordne sie den sinngleichen Adverbialsätzen zu.

Trotz der steigenden Preise für eine Fahrstunde können die Fahrschulen weiterhin hohe Anmeldungszahlen verbuchen. Im vergangenen Jahr wurde durch eine öffentliche Diskussion erneut die Frage aufgeworfen, ob das Mindestalter für Führerscheinbewerber noch zeitgemäß sei. Wegen des großen Wunsches nach Unabhängigkeit von ihren Eltern träumen selbstverständlich viele Jugendliche vom Führerschein schon ab 16 Jahren.

Adverbialsätze:

1. *Obwohl die Preise für eine Fahrstunde steigen*

   ____

2. *Da viele Jugendliche von ihren Eltern unabhängig sein wollen*

   ____

3. *Indem man öffentlich diskutierte*

   ____

Vervollständige die Regelformulierung.

→ ***Adverbiale Bestimmungen können auch als .... auftreten.***

→ ***Der Nebensatz wird meist mit einer unterordnenden ....***

in den .... eingefügt. Deshalb bezeichnet man diese Art des Gliedsatzes als konjunktionalen Gliedsatz.

→ ***Der Gliedsatz wird immer mit einem .... vom Hauptsatz getrennt.***

Ein Adverbialsatz lässt sich in Präposition plus Nominalgruppe umformen. Diesen Vorgang nennt man Nominalisierung.

Beispiel: *Weil es regnete, fiel der Grillabend aus.*
Wegen des Regens fiel der Grillabend aus.

A **31** Forme die hervorgehobene Nominalgruppe mit Präposition zu einem Adverbialsatz mit Konjunktion um und gib seine Bedeutung an. Denke an das Komma!

→ *In den Osterferien* wird Nathalie ihre Führerscheinprüfung machen.

Wenn Osterferien sind, wird Nathalie ihre Führerschein-

prüfung machen (wann? – temporal)

→ In der Nacht vor der Prüfung schläft die Fahrschülerin *aus Angst vor dem Versagen* sehr schlecht.

→ *Trotz gut gemeinter Ratschläge ihrer älteren Schwester* ist Nathalie nervös.

→ *Unter normalen Bedingungen* müsste sie eigentlich die Prüfung ohne Probleme bestehen.

Achtung: Die Konjunktion „wenn" kann mit zwei verschiedenen Bedeutungsrichtungen verwendet werden: .... (1. Satz) und .... (4. Satz)!

Ob man die adverbiale Bestimmung besser als Satzglied oder Gliedsatz formuliert, hängt vom persönlichen Geschmack und vom Verwendungszusammenhang ab. Besonders in Zeitungsartikeln wird oftmals das kürzere Satzglied verwendet.

Tipp!

Trotz des Regens fuhr der Mann mit überhöhter Geschwindigkeit.
Obwohl es regnete, fuhr der Mann mit überhöhter Geschwindigkeit.

A 32 Formuliere die Hauptsätze zu einem Satzgefüge um, indem du eine passende Konjunktion verwendest. Unterstreiche den so entstandenen Gliedsatz und rahme die Konjunktion ein. Achtung: Es können mehrere Lösungen möglich sein!

1. Nathalie besteht die Führerscheinprüfung ohne Probleme. Sie hat vorher kräftig geübt.

2. Sie behielt die Nerven. Sie war sehr nervös.

3. Eine unübersichtliche Situation herrschte am Zebrastreifen. Viele Kinder spielten am Zebrastreifen.

4. Die junge Frau gibt am Abend eine große Party. Ihre Eltern gehen ins Kino.

5. Sie darf das Auto ihrer Mutter benutzen. Sie fährt vorsichtig.

A 33 Im folgenden Text sind adverbiale Bestimmungen als Satzglieder oder Gliedsätze versteckt. Unterstreiche die Satzglieder rot, die Gliedsätze blau.

Nach bestandener Führerscheinprüfung freuen sich die meisten Fahranfänger über ihre neu gewonnene Freiheit. Wenn die Fahrer das erste Jahr unfallfrei überstanden haben, werden sie besonders abends unvorsichtig. Sie überschätzen ihre Fähigkeiten, sodass es zu schweren Unfällen kommt. In ländlichen Gegenden ereignen sich trotz zahlreicher Appelle der Polizei gerade am Wochenende Unfälle wegen überhöhter Geschwindigkeit.

Das Prädikativ – Der Prädikativsatz

Du weißt, dass der wichtigste Teil des Satzes das Prädikat (bzw. die Satzaussage) ist. Es drückt aus, was vom Subjekt ausgesagt wird.
Das Prädikativ ist ein ganz besonderes Satzglied: Es hängt von einem Verb ab, bezieht sich aber zusätzlich noch eng auf eine Ergänzung (Subjekt oder Akkusativobjekt).

Joachim ← war → ein Spielverderber.
Die Klassenkameraden nennen ← Joachim → einen Spielverderber.

In beiden Sätzen ist die Nominalgruppe ein(en) Spielverderber das Prädikativ, das sich auf Joachim bezieht. Im ersten Satz ist Joachim das Subjekt, sodass auch das Prädikativ im Nominativ stehen muss (Gleichsetzungsnominativ oder prädikativer Nominativ). Im zweiten Satz ist Joachim das Akkusativobjekt, sodass auch das Prädikativ im Akkusativ stehen muss (Gleichsetzungsakkusativ oder prädikativer Akkusativ).

A 34 Unterstreiche die Prädikative!

1. Der Lehrer nennt sie ein Vorbild.
2. Daniel ist der Klassenbeste.
3. Sport bleibt Hendriks Lieblingsfach.
4. Die Mitschüler schimpfen ihn einen Streber.
5. Katharina wird Klassensprecherin.
6. Die Schule heißt Max-Planck-Gymnasium.

A 35 Das Prädikativ im Nominativ kommt in Verbindung mit nur wenigen, aber sehr häufig gebrauchten Verben vor. Welche sind das? Schreibe die Verben aus Aufgabe 34 im Infinitiv heraus!

Das Prädikativ im Akkusativ kommt seltener vor und hört sich zumeist etwas altmodisch an. Welche Verben in Verbindung mit dem Gleichsetzungsakkusativ hast du in Aufgabe 34 kennen gelernt?

A 36 Das Prädikativ kann nicht nur aus einer Nominalgruppe bestehen. Bestimme die Wortarten!

- Der Hund ist *ein treues Tier.* ....
- Der Hund ist *treu.* ....
- Der Hund ist *da.* ....

Das Prädikativ kann eine Nominalgruppe, ein Adverb oder ein Adjektiv sein.

A 37 Entscheide, in welchem Satz es sich um ein Prädikativ handelt. Unterstreiche das Prädikativ.

1. **a)** Heute bleibe ich im Bett liegen. **b)** *Denn Schule ist und bleibt ein Graus.*
2. **a)** Der Lehrer kommt oft zu spät zum Unterricht. **b)** *Deshalb ist er unser Lieblingslehrer.*
3. **a)** Ich werde müde. **b)** *Darum verlasse ich die Party bald.*
4. **a)** Marvin ist ein Lügner, wenn er sagt, **b)** *dass er gerne in die Schule geht.*
5. **a)** Wann wirst du endlich vernünftig? **b)** *Das wirst du schon sehen!*

Der Prädikativsatz

Das Prädikativ kann – da es ein Satzglied ist – auch durch einen Gliedsatz (Prädikativsatz) ausgedrückt werden.

Das Wichtigste ist *das rechtzeitige Erscheinen.* **Prädikativ**
Das Wichtigste ist, *dass du rechtzeitig erscheinst.* **Prädikativsatz**

A 38 Wandle die hervorgehobenen Prädikative in Prädikativsätze um.

1. Das Wichtigste für einen Spitzensportler ist *regelmäßiges* Training.
2. Was am meisten zählt, ist sein *diszipliniertes* Arbeiten.
3. *Der Sieg bei den Olympischen Spielen* ist das erklärte Ziel.

Attributsätze

Ein letztes Satzglied, genauer gesagt Satzgliedteil, das zu einem Nebensatz erweitert werden kann, ist das Attribut. Sicherlich weißt du noch aus dem Grammatikunterricht der Klasse 6, was ein Attribut ist.

A 39 Streiche aus dem Text alle Beifügungen heraus, die lediglich ihr Bezugswort erweitern.

Die Klasse 8c der Albert-Schweitzer-Schule begibt sich auf die lang ersehnte Klassenfahrt. Jakob hat den geheimen Auftrag bekommen, den vom Klassenlehrer verbotenen Alkohol in den modernen Reisebus zu schmuggeln. Trotz des Verbots gelingt es ihm, die heiße Ware im Kofferraum zu verstauen. Lea und Mara, die bravsten Mädchen der Klasse, sitzen bereits im Bus. Sie haben sich auf den Sitzplätzen hinter ihren Lehrern niedergelassen. Die frechen Schüler streiten sich um die hinteren Plätze. Während der dreistündigen Busfahrt hören die Schülerinnen und Schüler die neusten Hits. Die singende Gruppe erreicht die Jugendherberge an der Ostsee.

***Zur Erinnerung:* Attribute sind Angaben, die das Bezugswort näher bestimmen. Da das Attribut bei der Umstellprobe stets mit dem Bezugswort zusammenbleibt, ist es lediglich ein Teil eines Satzgliedes.**
Wenn das Attribut in einen Satz gefasst wird, bezeichnet man es als Attributsatz. Der Attributsatz tritt fast immer in Form eines Relativsatzes auf. Das Relativpronomen verbindet den Relativsatz mit dem Bezugswort im Hauptsatz.

Satzgliedteil: *Die stressgeplagten → Lehrer genießen die Mittagspause.*

Relativsatz: *Die Lehrer, ← die vom Stress geplagt sind, genießen die Mittagspause.*

A 40 Forme so um, dass ein Relativsatz entsteht. Denke an das Komma.

Die braven Mädchen sind bei den Lehrern sehr beliebt.
Die Mädchen, die brav sind, sind bei den Lehrern sehr beliebt.

1. Die Jugendlichen bestaunen die atemberaubende Aussicht.
2. Die Schüler mit den schlechten Manieren fallen sofort negativ auf.
3. Der Busfahrer mit der Glatze hilft den Schülerinnen ihr Gepäck zu tragen.
4. Die Zimmer in den oberen Stockwerken sind sehr beliebt.
5. Auf die allabendliche Party freuen sich alle.

A 41 Unterstreiche die Relativsätze, umkreise das Relativpronomen und setze die fehlenden Kommas.

Am ersten Tag findet ein Programmpunkt statt, auf den sich alle schon lange gefreut haben. Die Klasse besucht einen Freizeitpark der sich in der Nähe der Jugendherberge befindet. Die Hauptattraktion ist der künstliche Riesenwasserfall der mit einfachen Booten bezwungen werden kann. Die Jugendlichen leihen sich Boote die nicht sehr Vertrauen erweckend aussehen. Das erste Boot welches mit vier tollkühnen Schülern besetzt ist setzt sich Richtung Wasserfall in Bewegung. Ohne Probleme meistern sie die gefährliche Stelle die viele Besucher von einer Wasserfallfahrt abhält. Nach und nach trauen sich alle die die Fahrt ihrer Klassenkameraden beobachtet haben in die Boote zu steigen. Ausgelassen kehren sie zu ihrem Lehrer zurück der bereits am ausgemachten Treffpunkt wartet.

A 42 Verbinde die beiden Hauptsätze, indem du den zweiten in einen Relativsatz umwandelst.

Die Klasse war von der Reise begeistert.
Die Reise führte an die Ostsee.
Die Klasse war begeistert von der Reise, die an die Ostsee führte.

1. Neue Freundschaften sind entstanden.
   Diese hatte niemand für möglich gehalten.
2. Die Schülerinnen und Schüler freuen sich schon auf die nächste Fahrt.
   Die wird aber erst in zwei Jahren stattfinden.
3. Der Lehrer hat sich gut mit seinen Schülern verstanden.
   Er galt bislang als unnahbar.
4. Die Eltern holen ihre Kinder von der Bushaltestelle ab.
   Diese befindet sich direkt neben der Schule.

Unterscheidung von Subjekt-/Objektsatz und Attributsatz

Häufig kommt es zu Problemen in der Rechtschreibung, wenn zwischen „dass“ und „das“ unterschieden werden muss. Dabei ist das gar nicht so schwer:

A 43 Entscheide, ob es sich um einen Subjekt- bzw. Objektsatz oder einen Attributsatz handelt, und setze als Bindewort entweder „dass“ (Subjekt- bzw. Objektsatz) oder „das“ (Attributsatz) ein.

Vom Sterben des Buches

Das Buch, ... lange Zeit als Hauptinformationsquelle für Alt und Jung galt, scheint tot zu sein. Es ist nicht verwunderlich, ... das Fernsehen, ... so leicht zu konsumieren ist, dem Buch den Rang abgelaufen hat. Früher herrschte die Meinung, ... nur ein viel belesener Mensch ein gebildeter Mensch sein könne. Heute glauben selbst die meisten Grundschüler, ... es wichtiger sei, einen Computer bedienen zu können als flüssig zu lesen. Das rückläufige Leseinteresse, ... bereits zahlreiche Pädagogen alarmierte, scheint allerdings seit dem Erscheinen der Harry-

Potter-Romane zumindest vorläufig gestoppt zu sein. Das angesprochene Lesealter, ... zwischen zehn und 14 Jahren liegt, gilt als ein „kritisches“ Alter. Man hat festgestellt, ... sich gerade in diesem Alter entscheidet, ob sich die Kinder und Jugendlichen vom Buch abwenden, oder ob sie Lesen weiterhin als eine interessante und entspannende Freizeitgestaltung betrachten. Wer schon seit frühster Kindheit mit dem Buch vertraut gemacht worden ist, hat erfahren, ... Lesen genauso wie Fernsehen oder Computer zur Sucht werden kann. Wenn das Buch so gelobt wird, wird vielfach aber übersehen, ... auch die neuen Medien große Chancen für die Bildung der Schülerinnen und Schüler darstellen. Es sei an dieser Stelle nur auf das Internet verwiesen, ... eine enorme Fülle an Informationen bietet. Auch an Schulen setzt sich allmählich die Erkenntnis durch, ... neben dem Schulbuch auch die neuen Medien stärker miteinbezogen werden müssen. Da niemand weiß, was die Zukunft bringt, scheint es doch empfehlenswert, ... die Schüler von heute als Arbeitnehmer von morgen in gewissem Rahmen auf die Arbeit am Computer vorbereitet werden.

Zusammenfassung: Satzglieder/Gliedsätze

Du hast dich eingehend mit allen möglichen Satzgliedern beschäftigt. Es dürfte dir also nun nicht mehr schwer fallen, die verschiedenen Satzglieder voneinander zu trennen und zu bestimmen.
Du erinnerst dich bestimmt: Wörter oder Wortgruppen, die bei der Umstellprobe immer zusammenbleiben, bilden ein Satzglied.

→ Ein vollständiger Satz besteht immer aus einem **Subjekt** und einem **Prädikat:** *Monika singt.*

→ Meist wird diesem einfachen Satz eine Ergänzung beigefügt, ein **Objekt.** *Monika singt ein Lied.*

Wer diese kurze Aussage hört, gibt sich mit den darin enthaltenen Informationen meist nicht zufrieden. Man will mehr wissen, z. B.: Welche Monika ist gemeint? oder: Welches Lied singt Monika?

→ Um diese Fragen zu beantworten, fügen wir den Nomen durch die Verwendung von **Attributen** weitere Informationen zu:

Die musikalische *Monika singt ein Lied* aus Russland.

→ Die Attribute können auch durch **Attributsätze** (meist Relativsätze) ausgedrückt werden:

Monika, die musikalisch ist, *singt ein Lied,* das aus Russland stammt.

Meist will der Leser bzw. Hörer auch nähere Angaben zu den Umständen erhalten, also: Wo singt Monika?, Wie singt sie?, Wann singt sie?, Warum singt sie? usw.

→ Antworten auf diese Fragen geben die **adverbialen Bestimmungen** (bzw. Adverbiale)

Nach getaner Arbeit *singt* die musikalische *Monika* völlig entspannt *ein Lied* aus Russland.

→ Die adverbialen Bestimmungen können in einen **Adverbialsatz** umgeformt werden. Da der Adverbialsatz ein Satzglied ersetzt, gehört er zu der Gruppe der Gliedsätze.

Nachdem sie die Arbeit erledigt hat, *singt* die musikalische *Monika ein Lied* aus Russland, wobei sie völlig entspannt ist.

→ Die adverbialen Bestimmungen lassen sich wiederum durch die Verwendung von Attributen näher bestimmen.

Nachdem sie ihre schwere Arbeit erledigt hat, singt ...

A 44 Jetzt bist du dran! Bastle aus dem Ausgangssatz einen Satz mit möglichst vielen verschiedenen Attributen und Adverbialien. Bestimme anschließend die verwendeten Attribute und Adverbialien.

Richard liest ein Buch.

Lösungen

Wortarten

1 *Nomen:* der Reigen, die Jacke, der Bierdeckel, das Kind, die Fliese; *Verben:* feiern, träumen, laufen, arbeiten, rudern; *Adjektive:* gleichgültig, grün, warm, spät, blöd; *Zahlwörter:* hundert, einzelne, neunfach, dreifach, viele; *Pronomen:* unsere, sie, euch, wir, ihr; *Adverbien:* genug, heute, morgen, nie, ungern; *Konjunktionen:* wenn, und, denn, damit, weil; *Präpositionen:* von, unter, auf, nach, gegen

2 Das *(Artikel)* war *(Verb)* ein *(Artikel)* leichtes *(Adjektiv)* Aufwärmtraining *(Nomen),* jetzt *(Adverb)* kann *(Verb)* ich *(Pronomen)* mich *(Pronomen)* mit *(Präposition)* schwierigeren *(Adjektiv)* Aufgaben *(Nomen)* befassen *(Verb)!*

3 *Adjektive:* sattelfest, himmelblau, sommerfrisch, grasgrün, vogelfrei, hundemüde, sauerstoffarm, fingerbreit; *Nomen:* Rotbuche, Weichkäse, Schwerkraft, Deutschstunde, Geheimschrift, Jungbrunnen, Dunkelkammer, Gelbsucht

4 *Nomen:* Glumpschheit, Polgadirsamkeit, Huppelschaft, Blamung, Hufernis
Adjektive: blambar, rapolterlich, polgadirsam, labbelhaft, loftmähnig

Pronomen

1

1. Pers. Sg.	ich, mein Schuh, meine Jacke, mein Haus, meine Bücher
2. Pers. Sg.	du, dein Schuh, deine Jacke, dein Haus, deine Bücher
3. Pers. Sg.	er, sein Schuh, seine Jacke, sein Haus, seine Bücher
	sie, ihr Schuh, ihre Jacke, ihr Haus, ihre Bücher
	es, sein Schuh, seine Jacke, sein Haus, seine Bücher
1. Pers. Pl.	wir, unser Schuh, unsere Jacke, unser Haus, unsere Bücher
2. Pers. Pl.	ihr, euer Schuh, eure Jacke, euer Haus, eure Bücher
3. Pers. Pl.	sie, ihr Schuh, ihre Jacke, ihr Haus, ihre Bücher

2 **1.** sich (unecht reflexiver Gebrauch); **2.** sich (echter); **3.** mich (echter); **4.** dich (echter)

3 voneinander; nacheinander oder: miteinander; gegeneinander; miteinander; auseinander

4 diesem, jenem, denselben, derjenige, derselbe, solche, der

5 Münzen – gestohlen

Person – Numerus – Tempus

1

T															
E	K	O	N	J	U	G	I	E	R	E	N			S	
M		E	I	N	F	I	N	I	T	I	V			U	
P			F	U	T	U	R							R	
U		P	A	R	T	I	Z	I	P					E	
S				P	E	R	F	E	K	T				M	
						P	R	Ä	T	E	R	I	T	U	M
					L		M							N	
				U				A							
			R			P			U						
		A				E				Q					
	L				P	R	Ä	S	E	N	S				
						S		S	I	N	G	U	L	A	R
						O							L		
						N								P	

2 *Präsens:* ich esse (e); *Präteritum:* ich aß (e), wir rannten (e), wir lasen (e); *Perfekt:* ich habe gegessen (z), ihr seid geschwommen (z), sie ist geritten (z); *Plusquamperfekt:* ich hatte gegessen (z), *Futur I:* ich werde essen (z), er wird lachen (z)

3 **a)** Person, Numerus, Tempus
b) 1. Person Pl. Futur, 1. Person Sg. Plusquamperfekt, 3. Person Sg. Präteritum, 2. Person Pl. Perfekt, 2. Person Sg. Präsens, 3. Person Pl. Futur, 2. Person Sg. Perfekt, 3. Person Sg. Plusquamperfekt

4 du kennst, 2. P. Sg. Präsens | das Schiff war untergegangen, 3. P. Sg. Plusquamperfekt | er schwamm, 3. P. Sg. Präteritum | er lebte, 3. P. Sg. Präteritum | Piraten retteten, 3. P. Pl. Präteritum | Daniel Defoe hat aufgeschrieben, 3. P. Sg. Perfekt | wir können lesen, 1. P. Pl. Präsens | er hat aufgeschrieben, 3. P. Sg. Perfekt | er hat nachgedacht, 3. P. Sg. Perfekt | man kann sich vorstellen, 3. P. Sg. Präsens | Robinson träumt, 3. P. Sg. Präsens | er wird tun, 3. P. Sg. Futur | er ist heruntergekommen, 3. P. Sg. Perfekt
Die Träume von Robinson müssen im Tempus *Futur* formuliert werden.

Futur II

1 **a)** Sie sind auf die Zeitstufe der Zukunft gerichtet. **b)** 1. Spalte, 1. Zeile: Futur I | 2. Zeile: Dauer | 2. Spalte, 1. Zeile: Futur II | 2. Zeile: abgeschlossenes Geschehen

2 sein | haben

3 gemacht haben werde, gemacht haben werde, werde gemacht haben, werde kennen gelernt haben, werde erlebt haben.
Wenn ich Abitur gemacht habe …; … dass ich eine Weltreise gemacht habe …; Nein, ich habe dann vielmehr viele Erfahrungen gemacht. Wenn ich zurückkomme, habe ich Leute kennen gelernt und viele Sitten und Gebräuche fremder Länder erlebt.

Lösungen

Genus Verbi: Aktiv – Passiv

1 **a)** Der Bauer zieht den Esel. Der Esel wird vom Bauern gezogen.
b) zieht; wird gezogen

2 Aktiv, Passiv, Aktiv, Aktiv, Passiv, Passiv, Aktiv, Passiv

3 erste Bestandteile: ich, wir, er, du, es | zweite Bestandteile: werde, werden, wird, wirst, wird | dritte Bestandteile: geküsst, gefesselt, gesehen, gefahren, entfacht

4 Die Form des Passivs wird gebildet mit der konjugierten Form von werden und dem Partizip Perfekt (Partizip II).

5 **a)** Die Schokolade *wird gegessen, wurde gegessen, ist gegessen worden, war gegessen worden, wird gegessen werden*
b) Das Fahrrad *wird repariert, wurde repariert, ist repariert worden, war repariert worden, wird repariert werden*

6 Passiv, Passiv, Futur I, Futur I, Passiv, Passiv, Futur I

7 **a)** Subjekt, Aktivform des Prädikats, Akkusativobjekt | Subjekt, Passivform des Prädikats, Präpositionalergänzung
b) Subjekt → Präpositionalergänzung | Akkusativobjekt → Subjekt | Aktivform des Prädikats → Passivform des Prädikats

8 Subjekt, Ergänzung, Akkusativobjekt, Subjekt, Aktiv, Passivs, man, Subjekt

9 Der Bühnenstar wird vom Reporter fotografiert. | Ein schweres Sofa ist von den Möbelpackern in den 4. Stock geschleppt worden. | Die Blumen wurden im Sommer täglich von der Gärtnerin gegossen. | Der Knappe war vom König zum Ritter geschlagen worden. | Ein großes Gewitter wurde erwartet. | Der Patient wird vom Arzt geheilt werden. | Mit Regen wird gerechnet.

10 transitiv, transitiv, transitiv, intransitiv, intransitiv, transitiv, intransitiv

11 *Beispiele:* Frederike liest eine Zeitschrift. Eine Zeitschrift wird von Frederike gelesen. | Ich schreibe den Brief erst morgen. Der Brief wird von mir erst morgen geschrieben. | Ich schicke den Brief mit der Post. Der Brief wird mit der Post geschickt. | Pia fragt Helmine nach den Hausaufgaben. Helmine wird von Pia nach den Hausaufgaben gefragt.

12 *Linkes Bild:* Der Esel wird vom Bauern gezogen.
Rechtes Bild: Der Esel wird gezogen.

13 **a)** täterloses Passiv; **b)** täterloses Passiv; **c)** täterloses Passiv;
d) täterabgewandtes Passiv; **e)** täterabgewandtes Passiv

14 **a)** Der Täter ist unbekannt. **b)** Der Täter ist nicht wichtig.
c) Der Täter soll nicht genannt werden.

15 *Bild 1, Zeile 1:* Vorgang. *Bild 2, Zeile 1:* Zustand.
Bild 1, Zeile 2: werden + Partizip Perfekt. *Bild 2, Zeile 2:* sein + Partizip Perfekt

16 Vorgangspassiv, werden, Partizip Perfekt | Zustandspassiv, sein, Partizip Perfekt

17 Vorgangspassiv: 1., 3., 4., 5., 9. Zustandspassiv: 2., 6., 7., 8.

18 **1.** Er ist gelobt worden. **2.** Wir werden gefahren. **3.** Sie wurden geschickt. **4.** Es wurde geraten. **5.** Sie wird geliebt. **6.** Er wurde vergessen. **7.** Es wird gelacht. **8.** Ich werde gefangen. **9.** Ihr werdet gebeten werden. **10.** Du wirst getragen. *Lösungswort:* Genus Verbi

19 *Möglicher Lösungstext:* Gestern ist am frühen Morgen die Sparkasse in der Hamburger Innenstadt überfallen worden. Kurz nach der Öffnung drangen gegen viertel nach acht zwei vermummte Gangster in die Bank ein. Der Kassierer und zwei Bankangestellte wurden gefesselt und als Geiseln genommen. Der Bankdirektor wurde gezwungen den Tresor zu öffnen. Die Gangster steckten die Beute, ungefähr 100 000 DM, in eine schwarze Ledertasche und flohen unerkannt. Der gesamte Vorfall dauerte nur wenige Minuten und wurde von der Überwachungskamera in der Bank aufgenommen.

Modus: Indikativ – Konjunktiv – Imperativ

1 hat, feiert, beginnt, habe, feiere, beginne

2 *Indikativ:* hat, feiert, beginnt | *Konjunktiv:* habe, feiere, beginne

3 sagt, gebe, leide, müsse, solle, könne, helfe

4 er baut – er baue, er kommt – er komme, er sieht – er sehe, er kann – er könne, er will – er wolle, er hat – er habe

5 **a)** ich gebe, du gibst, er/sie/es gibt, wir geben, ihr gebt, sie geben
b) 1. Person Singular, 1. und 3. Person Plural, Konjunktiv I, Indikativ
2. Person Singular, 2. und 3. Person Plural

6 *Indikativ:* er/sie/es ist, wir sind, sie sind | *Konjunktiv:* wir seien

7 *Infinitiv:* geben, Präteritum: du gabst, ihr gabt
Konjunktiv II: du gäbest, er/sie/es gäbe, wir gäben, sie gäben

8 *Indikativ:* steht, lesen, fragt; *Konjunktiv I:* finde, werde veranstaltet, wolle, könne sich verkleiden; *Konjunktiv II:* sollten mitbringen, hätten

9 schreiben, er schreibt, er schreibe, er schrieb, er schriebe | fliegen, sie fliegt, sie fliege, sie flog, sie flöge | tragen, du trägst, du tragest, du trugst, du trügest | laufen, er läuft, er laufe, er lief, er liefe | suchen, er sucht, er suche, er suchte, er suchte/würde suchen

10 suchten – würden suchen, feierten – sie würden feiern, gingen – würden gehen

11 **a)** *direkte Rede:* ich, meine, ich, ihr | *indirekte Rede:* er, seine, sie, sie;
b) Personalpronomen | Possessivpronomen;
c) ich → er, meine → seine, ich → sie, ihr → sie

12

	Personalpronomen	*Possessivpronomen*	*Reflexivpronomen*
direkte Rede	ich, ich, ich, du, mir, wir, ich	meine, meine, ihren, unsere	mich
indirekte Rede	er, er, er, –, ihm, sie, er	seine, seine, ihren, ihre	sich

13 **1.** In der indirekten Rede wird der Konjunktiv I verwendet. **2.** Der Konjunktiv II wird verwendet, wenn die Formen des Konjunktivs I identisch mit denen des Indikativs sind. **3.** Mit *würde* wird umschrieben, wenn die Formen des Konjunktivs II mit denen des Indikativs identisch sind. **4.** Sowohl Personal- als auch Possessivpronomen stehen in der 3. Person.

14 trinke, könnten, hätten, tränken, habe, sei

15 Der Buchhändler erzählt, zurzeit läsen viele Erwachsene die Bücher über Harry Potter und seien sehr begeistert, obwohl es doch eigentlich Kinderbücher seien. Aber in diesen Büchern stecke so viel Fantasie, gebe es so viele zauberhafte Einfälle, dass man sich dem kaum entziehen könne. Harry Potter sei nämlich ein Zauberlehrling. Er gehe zusammen mit seinen Freunden auf eine ganz besondere Schule, auf der sie lernen würden, ihre Zauberfähigkeiten zu entfalten und richtig einzusetzen. Sie würden solche Unterrichtsfächer wie „Zaubertrank", „Der Umgang mit magischen Tieren" oder auch „Besenflug" lernen. Dabei sei Harry Potter aber auch unter den anderen Zauberlehrlingen jemand ganz Besonderes. Und deshalb würden ihm immer wieder böse Mächte nach dem Leben trachten. So erlebe er immer besonders aufregende und spannende Abenteuer. Die Bücher böten (würden bieten) also fesselnden Lesestoff, von dem man nicht genug bekommen könne.

16 **a)** hat gelernt – habe gelernt | hatte gehabt – habe gehabt
b) Pia: Perfekt | Till: Präteritum
c) Die Tempusformen der indirekten Rede sind – im Gegensatz zu denen der direkten Rede – gleich.

17 Odysseus sei ein besonders mutiger Kämpfer der Griechen gewesen. Nach der Eroberung der Stadt Troja habe er viele Abenteuer bestanden. Er sei zusammen mit seinen Gefährten durch die Meere geirrt, bis er schließlich sein Schiff samt seinen Gefährten durch einen heftigen Sturm verloren habe. Er habe als Einziger überlebt und sei bei einer unbekannten Insel an Land geschwommen. Dort seien die Bewohner freundlich zu ihm gewesen. Später sei er wieder mit einem Schiff seiner neuen Freunde zu seiner Heimatinsel Ithaka gelangt. Nachdem er dort zunächst einige Tage unerkannt gelebt habe, habe er sich schließlich seiner Frau, die treu auf ihn gewartet habe, zu erkennen gegeben und habe fortan wieder als König von Ithaka gelebt.

18 Vorzeitigkeit, Gleichzeitigkeit, Nachzeitigkeit.

19 **Konjunktiv I Präsens:** zittere, habe, tue, sei, habe; **Konjunktiv I Perfekt:** sei gewesen, habe geklingelt, sei hingegangen, habe geöffnet, habe gestoßen, geprallt sei, sei gestürmt, habe bedroht, habe gegeben; **Konjunktiv I Futur:** werde dransetzen, werde einleiten, werde sperren, werde überprüfen

20 habe gegeben | seien begeistert gewesen | setze durch | schätzen würden | werde sich fortsetzen

21 **a)** Der Skater ruft, die Leute sollten ihm aus dem Weg gehen. **b)** Die Mutter warnt ihr Kind, es solle stehen bleiben. **c)** Die zittrige Dame bittet am Postschalter die wartenden Kunden, sie mögen sie vorlassen.

22 Welche Schule … →Ergänzungsfrage | Werde ich bald … →Entscheidungsfrage

Regel: **Entscheidungsfragen:** Personalform des Verbs – „Ja" oder „Nein" – Fragezeichen
Ergänzungsfragen: Fragepronomen – Personalform des Verbs – zweiter –Fragezeichen

23 Julian fragt sich, … ob er bald neue Freunde finden wird. | … wie viele Umzugskisten sie wohl brauchen werden. | … wann er sie mal wieder besuchen kann. | … ob auch Felix ihn mal besuchen kommt.

24 „Welches ist der längste Fluss Europas?" | „Wo liegt der höchste Berg Deutschlands?" | …, ob sie einen Fluss kennt, der in den Rhein fließt. | …, in welcher Stadt sich die Dechenhöhle befindet und wann sie entdeckt wurde. | „Kannst du die Bundesländer, die an der Nord- oder Ostsee liegen, aufzählen?" | In welchem Bundesland das Sauerland liegt, … | „An welchem Fluss liegt Wincheringen?" | „Könnt ihr die Mitgliedsländer der Europäischen Union nennen?"

25 **1.** In der indirekten Rede wird grundsätzlich der Modus des Konjunktivs I verwendet. **2.** Wenn die Form des Konjunktivs I mit der des Indikativs identisch ist, wird sie durch die Form des Konjunktivs II ersetzt. **3.** Mit *würde* wird umschrieben, wenn die Form des Konjunktivs II identisch ist mit der Form des Indikativs. **4.** Sowohl Personal- als auch Possessivpronomen stehen in der indirekten Rede in der 3. Person. **5.** Imperative werden durch die Modalverben *sollen* oder *mögen* wiedergegeben. **6.** Satzfragen/Entscheidungsfragen werden mit *ob* angeschlossen. **7.** Konjunktiv I Präsens: Gleichzeitigkeit / Konjunktiv I Perfekt: Vorzeitigkeit / Konjunktiv I Futur: Nachzeitigkeit

26 Die Großmutter sagt, sie werde (ihrer Enkelin) jetzt eine Geschichte aus längst vergangener Zeit erzählen. Aber sie sei trotzdem noch nicht vorbei und habe viel mit ihrem heutigen Leben zu tun. Sie solle/möge ihr deshalb aufmerksam zuhören. Die Geschichte spiele im Jahre 1844, als die Sager-Kinder ganz allein durch den Nordwesten Amerikas gezogen seien. Die Kinder hätten ursprünglich mit ihren Eltern zu einem großen Treck gehört, der in den fruchtbaren Tälern Oregons ein neues Leben habe beginnen wollen. Doch kurz nach der Geburt des siebten Kindes seien beide Eltern durch verdorbenes Wasser gestorben. Sie hätten in aller Eile begraben werden müssen, damit der Treck habe weiterziehen können. Wenig später habe der Rest der Auswanderer beschlossen, sich im leichter erreichbaren Kalifornien niederzulassen. Daraufhin hätten sich die Kinder heimlich vom Treck getrennt und seien am Fluss weitergezogen. Für die Ernährung des Säuglings hätten sie eine Kuh mitgenommen. Bei der Jagd habe ihnen ein Wolfshund geholfen. Anstelle der Eltern habe der vierzehnjährige John die Führung der Kinderkarawane übernommen. Es sei nicht leicht für John gewesen, aber er habe in allen Situationen äußerst umsichtig gehandelt. Nur die Härte, die er gegenüber seinen kleinen Geschwistern habe zeigen müssen, habe ihm sehr zu schaffen gemacht. Trotz aller Gefahren hätten die Kinder gerade noch vor Einbruch des Winters halb verhungert ihr Ziel erreicht. Zufällig seien sie, ihr Opa und sie (selber), an diesem Tag draußen im Wald gewesen, als sie die Kinder auf sich zukommen gesehen hätten. Zuerst seien sie sehr erschrocken gewesen, aber dann …

Ob sie sich vorstellen könne, wie die Geschichte weitergehe? Die Kinder seien in ihre Familie aufgenommen worden und so hätten sie auf einen Schlag sieben Kinder gehabt. Sie würden sich noch immer freuen, dass sie sich damals so entschieden hätten. Und John, der älteste, das sei natürlich ihr Vater. Während sie dies alles erzähle, kämen ihr all die Bilder von damals wieder in den Sinn. Sie frage sich oft, was aus den Kindern geworden wäre, wenn sie sie nicht aufgenommen hätten. Eines Tages, davon sei sie überzeugt, werde irgendjemand kommen und die Geschichte aufschreiben. Dann werde sie unvergesslich werden.

27 Aufforderung, Wunsch, Ausruf

28 *wirklich:* b, d, f | *nicht wirklich:* a, c, e, g, h

29 üben würden | hielten | bekämen | wären | dächten | würden starren | würden zustande bringen | würden knabbern | würden träumen

30 Hätte ich doch Wanderschuhe angezogen. | Hätte ich nur nicht so viel Eis gegessen. | Wäre ich nur nicht zu schnell gefahren.

31 *Mögliche Lösungen:* Wenn ich ein Jahr Ferien hätte, würde ich eine Weltreise machen. | Wenn ich Schuldiretor wäre, hätten die Schüler jeden zweiten Tag frei. | Wenn es keinen Strom gäbe, gäbe es auch keine Straßenbeleuchtung. | Wenn an jedem Tag Weihnachten wäre, bekäme ich jeden Tag Geschenke.

32 kann, mag, darf, wollen, muss, soll

33

Bedeutung	**Modalverb**
Die Möglichkeit oder die Fähigkeit haben.	*können*
Zu etwas verpflichtet sein.	*sollen*
Eine Erlaubnis haben.	*dürfen*
Den Wunsch oder die Absicht haben.	*wollen*
Die Pflicht haben. Es besteht die Notwendigkeit.	*müssen*
Einen (höflichen) Wunsch haben.	*mögen*

34 **a)** Hier *darf* man nicht parken. **b)** Ich *möchte* noch ein Eis. **c)** Du *sollst* nicht lügen.

35 **1.** Indikativ **2.** Konjunktiv
a) **Singular:** komm, iss, gib, sei | **Plural:** helft, haltet, spielt
b) komm, iss, haltet; **c)** eine Bitte

36 iss, esst | feiere, feiert | sieh, seht | lies, lest | sei, seid | komm, kommt | nimm, nehmt | schreib/schreibe, schreibt

Subjekt – Prädikat –Objekt

1 Verb – Person – Numerus – Subjekt – wer oder was? – wen oder was? – Dativobjekt – wessen? – präpositionales Objekt
Satzglied: Wort/Wörter, die bei der Umstellprobe immer zusammenbleiben

2 Das Basketballländerspiel gegen Finnland (S) | dem Team des DBB (DO) | ein hauchdünner Sieg (S) | keiner der knapp 500 Zuschauer (S) | den deutschen

Spielern (DO) | einen Erfolg (AO) | die finnische Mannschaft (S) | zu ihrem Spiel (pO) | die Begegnung (AO) | die Verletzung von Sören Hoeg (S) | des Spielfelds (GO) | der finnische Trainer (S) | mit der Leistung seiner Mannschaft (pO) | den tollen kämpferischen Einsatz (AO)

Adverbiale Bestimmungen und Attribute

1 Satzglied – Prädikat – Umständen | Satzgliedteil – Bezugswort

2 Die meisten berühmten Actionfilme (S) haben (P) keine interessante Story (AO). Der anhaltende Erfolg dieser Filme (S) beruht (P) auf den spektakulären Stunts (pO) und auf den beeindruckenden Spezialeffekten (pO). Die Besetzung mit bekannten Schauspielern (S) verhilft (P) dem Film (DO) zu Erfolg (pO). Wegen der gewaltverherrlichenden Szenen (adv. Best.) mehren (P) sich die kritischen Stimmen (S): Seit Jahren (adv. Best.) werden (P) die Filmemacher (S) der Förderung der Gewaltbereitschaft (GO) angeklagt (P).

3

temporale adv. Best.:	wann?, wie oft?, bis wann?, wie lange?, seit wann?
lokale adv. Best.:	wo?, wohin?, woher?
kausale adv. Best.:	warum?, aus welchem Grund?, weshalb?
modale adv. Best.:	wie?, auf welche Art und Weise?

4 **2.** wo? (lokal); **3.** wie? (modal); **4.** wodurch? (instrumental); **5.** warum? (kausal)

5 **2.** konsekutiv; **3.** instrumental; **4.** konzessiv; **5.** konditional

6 nach Köln *(lokal)* | mit dem Fahrrad *(instrumental)* | bei Sonnenschein *(konditional)* | trotz einer Einladung zu einer Geburtstagsfeier *(konzessiv)* | zur Entspannung *(final)* | zum Staunen seiner Freundin *(konsekutiv)* | aus Interesse *(kausal)* | gespannt auf den neuen Film *(modal)* | morgen *(temporal)* | nach der Schule *(temporal)*

Satzreihen

Regel: Subjekt – Prädikat | allein | zweiter

1 In den Herbstferien fahre ich mit meiner Jugendgruppe weg, aber meine Schwester reist mit meinen Eltern in die Toskana. Sie freut sich schon auf den alten Bauernhof dort und sie schwärmt allen von den Zitronenbäumen im Garten vor. Ich hatte kurz überlegt, auch mit in den Süden zu reisen, aber die gemeinsamen Ferien mit meiner Jugendgruppe fand ich dann doch attraktiver. Ich fahre zwar nur ins Sauerland, aber dafür muss ich auch nicht eine so lange Anreise in Kauf nehmen. Wir unternehmen tolle Ausflüge und wir haben immer viel Spaß miteinander. Mit meinen Eltern gab es gar keinen Streit, sondern sie fanden meine Entscheidung gut.

2 **2.** daraufhin (temporal); **3.** dadurch (konsekutiv); **4.** dennoch (konzessiv); **5.** dazu (modal); **6.** deswegen (kausal)

Lösungen

Satzgefüge

1 unterordnende Konjunktion – letzter Stelle – Kommas

2 weil | wenn | weil | obwohl | damit | als | damit | sodass

3 Relativsätze – Informationen – Nomen – Pronomen – Relativpronomen; Relativsätzen – letzter; Relativsätze – Komma

4 … ein Museum, das über die Geschichte der Bundesrepublik Deutschland informiert. | … Kassettenrekorder, mit denen man durch die einzelnen Jahrzehnte geführt wurde. | … Abteilung, in der es um die Zeit kurz nach dem Zweiten Weltkrieg ging. | … Monitore, auf denen man sich kurze Filme … anschauen konnte.

5 erstaunt zu sein. | über das Kaufverhalten vieler Jugendlicher erstaunt zu sein. | über das Kaufverhalten vieler Jugendlicher, die noch zur Schule gehen oder in der Ausbildung sind, erstaunt zu sein.

6 **1.** …, das Fahrrad zu benutzen. **2.** …, ständig im Stau zu stehen. **3.** …, einige Kilo abzunehmen. **4.** …, etwas für die Fitness zu tun. **5.** …, sich täglich zu bewegen. **6.** …, sich ein Mountainbike zu kaufen. **7.** …, Kickboard zu fahren. **8.** …, immer das teure Sportgerät abschließen zu müssen.

7 **1.** …, sich zu bessern. **2.** …, sich an dieses Versprechen halten zu können. **3.** Preisreduzierte Ware zurückzunehmen, … **4.** …, nie wieder mit dem Rad zur Arbeit fahren zu wollen.

8 **1.** *Weil er durch die Redegewandtheit des Verkäufers überrumpelt wurde, …* **2.** *Als er aus dem Kaufrausch erwacht ist, …* **3.** *…, die kein Verständnis für den teuren Kauf hat, …* **4.** *Weil ihn der Streit mit seiner Frau angespornt hat, …*

9 **1.** PG, kein Komma; **2.** IG durch *daran* angekündigt: Komma erforderlich; **3.** IG, kein Komma; **4.** PG, kein Komma; **5.** PG, kein Komma; **6.** PG durch *so* wieder aufgenommen: Komma erforderlich

Gliedsätze

1 **1.** … über die Behandlung durch die Verkäuferinnen und Verkäufer. (O) | **2.** … eine bessere Beratung. (O) | **3.** Das Sparverhalten … (S) | **4.** Die weitere Entwicklung in den nächsten Jahren … (S)

2 **1.** … darüber, dass das Taschengeld vieler Jugendlicher trotz der schwierigen finanziellen Lage vieler Familien so hoch ist. | **2.** …, dass die Jugendlichen in ihrem Geschäft etwas kaufen wollen. | **3.** … darauf, dass die Produkte, die sie kaufen, Markenprodukte sind.

Zusatzaufgabe: Satz 2: Sie vergewissern sich der Kaufabsicht.

3 **1.** Dass die Eltern ihre großen Geldausgaben kritisieren, hält … **oder:** Es hält …, dass die Eltern ihre großen Geldausgaben kritisieren. | **2.** Auch dadurch dass die Preise zum Teil überhöht sind, lassen … **oder:** Es schreckt … nicht, dass die Preise zum Teil überhöht sind. | **3.** Dass zahlreiche Trendartikel angeboten werden, heizt die ... **oder:** Es heizt die ..., dass zahlreiche Trendartikel angeboten werden.

4 **1.** Lena freut sich, ihr eigenes Geld zu haben. **2.** Es freut Daniels Eltern, viele Freizeitaktivitäten gemeinsam unternehmen zu können. **3.** Sabrina ist froh, viel mit ihren Freundinnen unternehmen zu können. **4.** Für das Ansehen innerhalb der Gruppe ist es wichtig, viele neue CDs zu besitzen. **5.** Auf dem Heimweg von der Disco immer ein Handy dabei zu haben, macht Rabea sicher.

5 pO – AO – AO – S

6 Carina soll direkt zur Praxis kommen, weil die Ärztin versuchen will, das Stück wieder anzukleben. / Weil ein Patient einen Termin abgesagt hat, kann Carina sofort in eines der Behandlungszimmer gehen. / Es gelingt der Zahnärztin den beschädigten Zahn wieder zu heilen, weil Carina früh genug in die Praxis gekommen ist.

7 ..., weil ich freundlich bin und meistens gut gelaunt. | ..., weil ich gerne mit Menschen umgehe. | ..., weil ich ein gepflegtes Aussehen habe. | ..., weil ich am Wochenende viel Freizeit habe. | ..., weil ich mich über die Aufbesserung meines Taschengeldes freue. | ..., weil ich bereit bin unterschiedliche Tätigkeiten zu übernehmen.

8 ..., weil es dort einen schönen Park gibt, in dem das Sommerhaus von Goethe liegt. | ..., weil dort viele Straßenmusikanten, die Besucherinnen und Besucher unterhalten. | ..., weil man im Café am Marktplatz den weltbesten Mohnkuchen essen kann. | ..., weil viele alte Häuser gut und geschmackvoll renoviert sind.

9 Wenn du etwas übst ... | Wenn man es nur oberflächlich betrachtet ... | Wenn das Wetter schlecht ist ... | Wenn er joggt ... | Wenn er nicht ausreichend trainiert ...

10 Hast du kein Fahrrad, ... | Bekommt Nina zu Weihnachten einen Hund, ... | Fällt bei Niklas der Physikunterricht aus, ... | Hört Sophia ihre Lieblings-CD, ...

11 *Jana hat dieses Mal wirklich gründlich geübt.* ... nicht „mangelhaft" schreibt, bekommt sie eine Drei auf dem Zeugnis. | *Jana war leider so faul wie immer.* ... nicht „mangelhaft" schriebe, bekäme sie eine Drei auf dem Zeugnis. | *Das war ja vorauszusehen, aber jetzt ist es zu spät:* ... nicht „mangelhaft" geschrieben hätte, hätte sie eine Drei auf dem Zeugnis bekommen.

12 Wenn die Klasse sich nicht auf ein Ziel für die Klassenfahrt einigt, fällt der Ausflug aus. | Wenn du mich manchmal abschreiben lassen würdest, würde ich bei den Klassenarbeiten nicht so viele Fehler machen. | Wenn unsere Mannschaft kein Eigentor geschossen hätte, hätten wir gewonnen. | Regnet es heute Nachmittag, bleibe ich zu Hause. | Hätte Lukas besser aufgepasst, wäre der Unfall nicht passiert. | Wenn du meine Schwester kennen würdest, würdest du sie nett finden.

13 Wir haben uns überlegt, zum Ende des Schuljahres einen Jahresrückblick zu veröffentlichen. Damit wir uns später noch an alles Wichtige erinnern, führt unsere Klassensprecherin während des ganzen Jahres ein Klassentagebuch. Um ihr die Aufgabe zu erleichtern, haben wir eine Box aufgestellt, damit dort kurze Berichte, Fotos oder auch Kommentare eingeworfen werden können. Einige

Schülerinnen und Schüler verwenden dann die Hausaufgabenstunde dazu, um noch schnell einen Bericht vom letzten Ausflug zu schreiben.

14 Das Redaktionsteam trifft sich zum letzten Mal, damit es den Jahresrückblick heute fertig stellen kann. | Lara erinnert alle immer wieder daran, konzentriert zu arbeiten, damit sie alle am Abend noch gemeinsam ins Kino gehen können. | Fabian lässt das Rechtschreibprogramm über die Texte laufen, um sich das lästige Korrekturlesen zu ersparen. | Antonia hat schon mit einem Copyshop verhandelt, damit die Hefte so schnell wie möglich kopiert werden können. | Maria hat zur Redaktionssitzung selbst gebackene Muffins mitgebracht, damit keiner vor lauter Hunger früher nach Hause gehen muss. | Katharina hat vor, in der letzten Woche die alte Klassenlehrerin zu besuchen, um ihr den Jahresrückblick zuerst zu übergeben.

15 Damit wir unsere Partnerschule in Burundi unterstützen können, … | Um sich über die Geschichte der Bundesrepublik Deutschland informieren zu können, … | Damit den Putzfrauen die Arbeit erleichtert wird, …

16 … dass er sie zur Umkehr ermahnte. | … sodass er die Stadt verließ und nach Medina auswanderte. | … sodass sich seine Anhängerschar bald vergrößerte. | … dass bald fast alle Stämme der arabischen Halbinsel auf seine Worte hörten. | … sodass die Menschen in allen Lebensbereichen auf ihn hörten.

17 **1.** Mohammed hatte vor seinem Tod keinen Nachfolger bestimmt, sodass man einen engen Vertrauten des Propheten zum Leiter von Staat und Gemeinde ernannte. | **2.** Der Nachfolger Kalif Bekr wurde jedoch nicht von allen Stämmen anerkannt, sodass er mit einigen Stämmen Krieg führen musste. | **3.** Die ehemaligen Feinde wurden unterworfen, sodass der Kalif das Reich nach Norden hin erweitern konnte. | **4.** Die Araber rückten auch nach Palästina und Nordafrika vor, sodass sie ganz neue Kulturen kennen lernten und reiche Beute machten.

18 **1.** In Andalusien lebten Menschen aus dem gesamten Mittelmeerraum, sodass dort Menschen aus unterschiedlichen Kulturen aufeinander stießen. | **2.** Weil die Kalifen an der Bildung ihrer Bediensteten interessiert waren, ließen sie Sternwarten und Bibliotheken erbauen. | **3.** Die Araber erlaubten den Christen ihren Glauben zu behalten, sodass diese „Nichtgläubigen“ als Kaufleute und Handwerker in eigenen Vierteln lebten. | **4.** Die in Andalusien produzierten Seidenkleider waren besonders farbenprächtig, sodass sie ins gesamte Araberreich verkauft wurden.

19 **a)** Sätze 1 und 5; **b)** A1, B8, C2, D6, E3, F5, G7, H4

20 ~~weil~~ – obwohl; ~~damit~~ – wenngleich; ~~nachdem~~ – obwohl; ~~weil~~ – obwohl; ~~sodass~~ – obgleich; ~~falls~~ – obschon; ~~damit~~ – obwohl

21 Obwohl die Zahl der Staus zunimmt, … | Obwohl es gefährlich ist, … | Obwohl die Benzinpreise steigen, … | Obwohl an der Kreuzung ein Stoppschild steht, … | Obwohl es vorgeschrieben ist, …

22 **a)** **2.** nachzeitig; **3.** vorzeitig; **4.** gleichzeitig; **5.** nachzeitig; **6.** vorzeitig;
b) gleichzeitig: während | vorzeitig: nachdem, als | nachzeitig: bevor, bis

23 nachdem … erzählt hatten, beschlossen sie … | als … berichteten, waren wir … | bevor … freuen konnten, haben … | als …. nachschauten, haben wir … | sobald … erfahren hatte, war er … | … wuchs erst, als … | wenn … schloss, träumte ich … | … zu, bis wir …

24 Meine Mutter packte am Abend das Auto, bevor wir mitten in der Nacht losfuhren. (N) | Ich vertiefte mich zum Zeitvertreib in meine alten Astrid-Lindgren-Bücher, bis ich endlich die Welt der Bücher live erleben konnte. (N) | Mein kleiner Bruder wurde schon langsam quengelig, nachdem er schon über 10 Stunden still gesessen hatte. (V) | Wir fuhren über die neue Öresund-Brücke, während gerade die Sonne aufging. (G) | Meine Mutter war gerade von einem kurzen Nickerchen aufgewacht, als wir unser kleines rot angestrichenes Ferienhäuschen erreicht hatten. (V) | Mein Vater wollte erst einmal richtig ausschlafen, sobald er an unserem Urlaubsziel angekommen war. (V)

25 **1.** Meine Freundin fährt nach dem Kinobesuch mit der Bahn nach Hause, wohingegen ich mich auf mein Fahrrad schwinge. | **2.** Anstatt dass Johannes den neuen Harry-Potter-Roman an seine Schwester verleiht, verkauft er ihn auf dem Flohmarkt. | **3.** Auf der Kirmes genießt Lea die Aussicht vom hohen Riesenrad, während ihr Vater wegen seiner Höhenangst nur vor sich hin starrt. | **4.** Wenn du zum Fußballplatz gehst, gehe ich zum Eishockeyspiel.

26 temporal | adversativ | adversativ | konditional | konditional

27 Dadurch, dass die Bauern in sehr ärmlichen Verhältnissen lebten, … | …, indem sie auf bewährte Hausmittel und Kräuter zurückgriffen. | Ohne dabei auf Sauberkeit und gute Ernährung zu achten, … | …, ohne dass sie eine Schule besuchten und Rechnen und Schreiben lernten. | … indem man sie als Knechte und Mägde zu reichen Bauern schickte. | Dadurch, dass sie im Alter von vierzehn Jahren in die Gemeinschaft der „Burschen“ aufgenommen wurden, … | … wobei sie unter Aufsicht einer älteren Frau Wolle sponnen.
Konjunktionen: dadurch dass, indem, ohne (zu), ohne dass, indem, dadurch dass, wobei

28 Die Bauern mussten tagaus und tagein die gleichen schweren Arbeiten verrichten, indem sie die Tiere hüteten oder Holz und Beeren sammelten. Dadurch, dass die Bauern im Mittelalter noch keine Ahnung von der Düngung der Felder hatten, waren die Erträge auf ihren Feldern sehr gering. Die Männer stellten die Ackergeräte selbst her, wobei die großen Pflugschare von dem Dorfschmied gefertigt wurden. Die Kinder mussten auch arbeiten, wie sie es von ihren Eltern gelernt hatten. Dadurch, dass die Bauern an den Grundherrn Abgaben leisten mussten, brauchten die Grundherren nicht selbst körperlich zu arbeiten. Die Adligen sorgten in ihrem Machtbereich für Recht und Ordnung, indem sie das Richteramt ausübten.

29 **1.** Die Tochter verkauft auf dem Markt die Schurwolle des letzten Frühjahrs, wodurch sie genug Geld erhält, um einen Arzt für ihre kranke Mutter bezahlen zu können. **2.** Der Arzt kommt zu ihnen nach Hause, wobei er auch die entsprechenden Medikamente mitbringt. **3.** Die Tochter verabreicht ihrer Mutter die Medizin, ohne dabei darauf zu achten, nur abgekochtes Wasser zu verwenden. **4.** Die Mutter nimmt die Medizin, wodurch sie neue Kraft gewinnt.

Lösungen

30 **1.** Obwohl die Preise für eine Fahrstunde steigen – trotz der steigenden Preise für eine Fahrstunde | **2.** Da viele Jugendliche von ihren Eltern unabhängig sein wollen – wegen des großen Wunsches nach Unabhängigkeit von ihren Eltern | **3.** Indem man öffentlich diskutierte – durch eine öffentliche Diskussion

Regel: Nebensätze, Konjunktion, Hauptsatz, Komma

31 Weil sie Angst vor dem Versagen hat, … *(warum? – kausal)* | Obwohl die Ratschläge ihrer älteren Schwester gut gemeint sind, … *(trotz wessen? – konzessiv)* | Wenn die Bedingungen normal sind, … *(unter welchen Bedingungen? – konditional)*

32 **1.** Nathalie besteht die Führerscheinprüfung ohne Probleme, weil sie vorher kräftig geübt hat. **2.** Sie behielt die Nerven, obwohl sie sehr nervös war. **3.** Eine unübersichtliche Situation herrschte am Zebrastreifen, wo viele Kinder spielten. **4.** Die junge Frau gibt am Abend eine große Party, während ihre Eltern ins Kino gehen. **5.** Sie darf das Auto ihrer Mutter benutzen, wenn sie vorsichtig fährt.

33 Nach bestandener Führerscheinprüfung freuen sich die meisten Fahranfänger über ihre neu gewonnene Freiheit. Wenn die Fahrer das erste Jahr unfallfrei überstanden haben, werden sie besonders abends unvorsichtig. Sie überschätzen ihre Fähigkeiten, sodass es zu schweren Unfällen kommt. In ländlichen Gegenden ereignen sich trotz zahlreicher Appelle der Polizei gerade am Wochenende Unfälle wegen überhöhter Geschwindigkeit.

34 **1.** ein Vorbild, **2.** der Klassenbeste, **3.** Hendriks Lieblingsfach, **4.** einen Streber, **5.** Klassensprecherin, **6.** Max-Planck-Gymnasium

35 sein, bleiben, werden, heißen | nennen, schimpfen

36 Nominalgruppe, Adjektiv, Adverb

37 **1. b)** Denn Schule ist und bleibt ein Graus. **2. b)** Deshalb ist er unser Lieblingslehrer. **3. a)** Ich werde müde. **4. a)** Marvin ist ein Lügner, … **5. a)** Wann wirst du endlich vernünftig?

38 **1.** dass er regelmäßig trainiert | **2.** dass er diszipliniert arbeitet | **3.** dass er bei den Olympischen Spielen gewinnt

39 Die Klasse 8c begibt sich auf Klassenfahrt. Jakob hat den Auftrag bekommen, den Alkohol in den Reisebus zu schmuggeln. Trotz des Verbots gelingt es ihm, die Ware im Kofferraum zu verstauen. Lea und Mara sitzen bereits im Bus. Sie haben sich auf den Sitzplätzen niedergelassen. Die Schüler streiten sich um die Plätze. Während der Busfahrt hören die Schülerinnen und Schüler die Hits. Die Gruppe erreicht die Jugendherberge.

40 **1.** Die Jugendlichen bestaunen die Aussicht, die atemberaubend ist.
2. Die Schüler, die schlechte Manieren haben, fallen sofort negativ auf.
3. Der Busfahrer, der eine Glatze hat, hilft den Schülerinnen ihr Gepäck zu tragen.
4. Die Zimmer, die sich in den oberen Stockwerken befinden, sind sehr beliebt.
5. Auf die Party, die allabendlich stattfindet, freuen sich alle.

41 Die Klasse besucht einen Freizeitpark, der sich in der Nähe der Jugendherberge befindet. Die Hauptattraktion ist der künstliche Riesenwasserfall, der mit einfachen Booten bezwungen werden kann. Die Jugendlichen leihen sich Boote, die nicht sehr vertrauenserweckend aussehen. Das erste Boot, welches mit vier tollkühnen Schülern besetzt ist, setzt sich Richtung Wasserfall in Bewegung. Ohne Probleme meistern sie die gefährliche Stelle, die viele Besucher von einer Wasserfallfahrt abhält. Nach und nach trauen sich alle, die die Fahrt ihrer Klassenkameraden beobachtet haben, in die Boote zu steigen. Ausgelassen kehren sie zu ihrem Lehrer zurück, der bereits am ausgemachten Treffpunkt wartet.

42 **1.** Neue Freundschaften, die niemand für möglich gehalten hatte, sind entstanden. **2.** Die Schülerinnen und Schüler freuen sich schon auf die nächste Fahrt, die aber erst in zwei Jahren stattfinden wird. **3.** Der Lehrer, der bislang als unnahbar galt, hat sich gut mit seinen Schülern verstanden. **4.** Die Eltern holen ihre Kinder von der Bushaltestelle ab, die sich direkt neben der Schule befindet.

43 das – dass – das – dass – dass – das – das – dass – dass – dass – das – dass – dass

44 *Beispiel:* Richard, ein sehr beliebter Schüler der Klasse 7a, (Attribut), liest in den Ferien (adv Best.: temp.) ein spannendes (Attribut) Buch, welches er sich vor vier Wochen (adv. Best.: temporal) bei strömendem Regen (adv. Best.: modal) in der Stadtbücherei (adv. Best.: lokal) geliehen hat (Attributsatz).

Verzeichnis der grammatischen Fachbegriffe

Fachausdruck	Erklärung		*Beispiel*	Seite
Adverbiale Bestimmung	Umstandsbestimmung			58
– final	Zweck	*wozu?*		60
– instrumental	Mittel	*womit?, wodurch?*		60
– konditional	Bedingung	*unter welcher Bedingung?*		60
– konsekutiv	Folge	*mit welcher Wirkung/Folge?*		60
– konzessiv	Einräumung	*trotz wessen?*		60
Adverbialsatz	adverbiale Bestimmung als Gliedsatz		*Weil es regnete, fiel das Fest aus.*	73
Adversativsatz	einen Gegensatz benennender → Adverbialsatz			85
Attributsatz	Umwandlung des Attributs in einen Nebensatz, meist Relativsatz		*Der Schüler, der sehr fleißig ist, bekommt gute Noten.*	93

Verzeichnis der grammatischen Fachbegriffe

Fachausdruck	Erklärung	Beispiel	Seite
Demonstrativpronomen	hinweisendes Fürwort	*dieser, jenes, solche*	13
Finalsatz	den Zweck einer Handlung angebender → Adverbialsatz		77
Genus Verbi	Teil der vollständigen Bestimmung einer Verbform, der ein Geschehen als täterzugewandt (Aktiv) oder täterabgewandt (Passiv) kennzeichnet		19
Gliedsatz	Satz, der die Funktion eines Satzglieds übernimmt		69
Imperativ	Befehlsform		54
Indefinitpronomen	unbestimmtes Fürwort	*irgendwer, irgendetwas …*	14
Indikativ	Modus, der eine Aussage als wirklich, tatsächlich kennzeichnet		29
Infinitivsatz (satzwertige Infinitivgruppe)	satzwertige Fügung mit einem Infinitiv (Grundform) als Kern: Ich rate dir, mich nicht zu reizen.		66
Kausalsatz	begründender → Adverbialsatz		73
Konditionalsatz	die Bedingungen benennender → Adverbialsatz		75
Konjunktiv	Modus, der eine Aufforderung, einen Wunsch, eine Vorstellung oder Möglichkeit ausdrückt und in der indirekten Rede verwendet wird		29
Konsekutivsatz	eine Folge benennender → Adverbialsatz		79
Konzessivsatz	einen (nicht ausreichenden) Gegengrund benennender → Adverbialsatz		81
Modalsatz	die näheren Umstände benennender → Adverbialsatz		86
Modus	Aussageweise des Verbs *(Indikativ, Konjunktiv, Imperativ)*		29
Objektsatz	Gliedsatz, der an die Stelle eines Objekts tritt	*Ich bedaure, dass du mich nicht besuchst.*	70
Partizipialsatz / satzwertige Partizipgruppe	satzwertige Fügung mit einem Partizip als Kern	*Von dem Kinoplakat angelockt besuchte er den Film.*	67
Prädikativ/ Prädikativsatz	Ergänzung zu bestimmten Verben *(sein, werden, bleiben, heißen, nennen)*	*Peter ist nett.*	91
Reflexivpronomen	rückbezogenes Fürwort *mich, dich, sich*		12
Subjektsatz	Gliedsatz, der an die Stelle eines Subjekts tritt	*Wie sie heißt, ist ihm nicht bekannt.*	70
Temporalsatz	das zeitliche Verhältnis bestimmender → Adverbialsatz		83